UN EXCELLENT SERVICE À LA CLIENTÈLE DANS LA RESTAURATION RAPIDE.

UN EXCELLENT SERVICE À LA CLIENTÈLE DANS LA RESTAURATION RAPIDE

Série " Excellent service à la clientèle "
Par : D.K. Hawkins
Version 1.1 ~Avril 2022
Publié par D.K. Hawkins sur KDP
Copyright ©2022 par D.K. Hawkins. Tous droits réservés.

Aucune partie de cette publication ne peut être reproduite, distribuée ou transmise sous quelque forme ou par quelque moyen que ce soit, y compris la photocopie, l'enregistrement ou d'autres méthodes électroniques ou mécaniques ou par tout système de stockage ou de récupération de l'information, sans l'autorisation écrite préalable des éditeurs, sauf dans le cas de très brèves citations incorporées dans des critiques et de certaines autres utilisations non commerciales autorisées par la loi sur le droit d'auteur.

Tous droits réservés, y compris le droit de reproduction totale ou partielle sous quelque forme que ce soit.

Toutes les informations contenues dans ce livre ont été soigneusement recherchées et vérifiées quant à leur exactitude factuelle. Cependant, l'auteur et l'éditeur ne garantissent pas, de manière expresse ou implicite, que les informations contenues dans ce livre conviennent à chaque individu, situation ou objectif et n'assument aucune responsabilité en cas d'erreurs ou d'omissions.

Le lecteur assume le risque et l'entière responsabilité de toutes ses actions. L'auteur ne sera pas tenu responsable des pertes ou des dommages, qu'ils soient consécutifs, accidentels, spéciaux ou autres, qui pourraient résulter des informations présentées dans ce livre.

Toutes les images sont libres d'utilisation ou achetées sur des sites de photos de stock ou libres de droits pour une utilisation commerciale. Pour ce livre, je me suis appuyé sur mes propres observations ainsi que sur de nombreuses sources différentes, et j'ai fait de mon mieux pour vérifier les faits et accorder le crédit qui leur est dû. Dans le cas où du matériel serait utilisé sans autorisation, veuillez me contacter afin que l'oubli soit corrigé.

Les informations fournies dans ce livre le sont à titre informatif uniquement et ne sont pas destinées à être une source de conseils ou d'analyse de crédit en ce qui concerne le matériel présenté. Les informations et/ou documents contenus dans ce livre ne constituent pas des conseils juridiques ou financiers et ne doivent jamais être utilisés sans avoir consulté au préalable un professionnel de la finance afin de déterminer ce qui convient le mieux à vos besoins individuels.

L'éditeur et l'auteur ne donnent aucune garantie ou autre promesse quant aux résultats qui peuvent être obtenus en utilisant le contenu de ce livre. Vous ne devez jamais prendre de décision d'investissement sans consulter au préalable votre propre conseiller financier et sans effectuer vos propres recherches et diligences. Dans toute la mesure permise par la loi, l'éditeur et l'auteur déclinent toute responsabilité dans le cas où les informations, commentaires, analyses, opinions, conseils et/ou recommandations contenus dans ce livre s'avéreraient inexacts, incomplets ou peu fiables, ou entraîneraient des pertes d'investissement ou autres.

Le contenu de ce livre n'est pas destiné à et ne constitue pas un conseil juridique ou un conseil en investissement et aucune relation avocat-client n'est établie. L'éditeur et l'auteur fournissent ce livre et son contenu sur une base "telle quelle". Vous utilisez les informations contenues dans ce livre à vos propres risques.

TABLE DES MATIÈRES.

TABLE DES MATIÈRES...4

INTRODUCTION...7

CHAPITRE 1 11

QUEL EST LE BUZZ AUTOUR DU SERVICE CLIENT DE VOTRE ENTREPRISE DANS LA RESTAURATION RAPIDE?........................11

CHAPITRE 2 22

UN EXCELLENT SERVICE À LA CLIENTÈLE COMMENCE PAR UNE ATTITUDE POSITIVE...22

CHAPITRE 3 29

UN EXCELLENT SERVICE À LA CLIENTÈLE DEVRAIT ÊTRE LA RESPONSABILITÉ DE CHACUN...29

CHAPITRE 4 34

UN SERVICE CLIENT SUPÉRIEUR COMMENCE PAR UN SERVICE EMPLOYÉ SUPÉRIEUR. 34

CHAPITRE 5 40

LA COURTOISIE, LE SECRET DE LA FIDÉLISATION DES CLIENTS. .40

CHAPITRE 6 44

LES EMPLOYÉS DE FAST-FOOD DOIVENT ÉVITER LES COMPORTEMENTS GROSSIERS...44

CHAPITRE 7 52

L'IMPORTANCE DE CHOISIR DES ALIMENTS PLUS SAINS DANS VOTRE RESTAURANT..52

CHAPITRE 8 56

GÉRER EFFICACEMENT LES CLIENTS INSATISFAITS. 56

CHAPITRE 9 64

STRATÉGIES POUR AUGMENTER LES REVENUS DES CLIENTS EXISTANTS. 64

CHAPITRE 10 71

TOUT CE QUE VOUS DEVEZ SAVOIR SUR L'ASSAINISSEMENT DES RESTAURANTS. 71

CHAPITRE 11 78

UN LOGICIEL DE POINT DE VENTE POUR LES RESTAURANTS ASSURE LE SUCCÈS DE L'ENTREPRISE. 78

CHAPITRE 12 82

COMPRENDRE CE QUI FAIT LE SUCCÈS D'UN SERVICE DE LIVRAISON DE FAST-FOOD. 82

CHAPITRE 13 86

LE MANQUE IRRITANT DE COHÉRENCE DANS LE SERVICE À LA CLIENTÈLE. 86

CHAPITRE 14 91

COMMENT PROMOUVOIR UN EXCELLENT SERVICE À LA CLIENTÈLE DANS VOTRE ENTREPRISE. 91

CHAPITRE 15 96

LES MOYENS DE DEVANCER LA CONCURRENCE DANS VOTRE ENTREPRISE DE RESTAURATION RAPIDE. 96

CHAPITRE 16 107

LES RÉACTIONS ACCIDENTELLES EN DISENT LONG SUR LA QUALITÉ DU SERVICE À LA CLIENTÈLE. 107

CHAPITRE 17 111

SECRETS POUR FIDÉLISER LES CLIENTS DES RESTAURANTS. 111

CHAPITRE 18 117

DES ÉTAPES SIMPLES POUR AMÉLIORER IMMÉDIATEMENT VOTRE SERVICE CLIENTÈLE. 117

CHAPITRE 19 123

L'HOSPITALITÉ DANS LE SECTEUR DE LA RESTAURATION RAPIDE EST EN TRAIN DE CHANGER. 123

CHAPITRE 20 128

LES MEILLEURS CONSEILS DU SERVICE CLIENTÈLE DE STARBUCKS. 128

CHAPITRE 21 133

CONSEILS RAPIDES POUR AMÉLIORER LE SERVICE DANS LES FAST-FOODS. 133

CONCLUSION. 138

INTRODUCTION.

De nos jours, de nombreuses entreprises de restauration rapide sont presque identiques, proposant des menus et des boissons, des techniques de marketing, des concepts publicitaires, etc. identiques. En dehors de leurs uniformes, de leur raison sociale et de leur emblème, la seule chose qui les différencie est le type de service que leurs employés sont réputés fournir.

Les clients reviennent souvent en raison de l'excellent service à la clientèle fourni par l'ensemble de l'équipe. C'est l'élément vital de toute entreprise, quelle que soit la gravité de la crise économique.

Indépendamment des activités promotionnelles telles que les grandes remises et les cadeaux, les clients ne reviendront jamais à moins qu'on ne leur offre des raisons plus permanentes et personnelles, comme le fait d'être traité plus qu'un client qui génère des revenus et des bénéfices.

Établir et maintenir des relations avec les clients est assez simple quand on sait que les clients évaluent un vendeur, un serveur et un directeur de restaurant sur la base de leurs actions et non de leurs paroles. Comment une entreprise peut-elle garantir un flux constant de clients ?

Les clients reviennent lorsqu'ils se sentent écoutés. Écoutez les clients et ce qu'ils ont à dire en leur permettant de parler en premier et en répondant de manière appropriée par des commentaires et des suggestions pertinents, le cas échéant.

Les clients n'aiment pas être bousculés, maintenez donc une distance attentive qui indique que vous êtes prêt à les servir, mais pas au point qu'ils croient que vous n'êtes pas intéressé à les aider.

Les préoccupations des clients étant naturelles, répondez rapidement et de manière responsable en les écoutant d'abord et en présentant des excuses appropriées si nécessaire. Rien ne vaut une réponse apologétique à une plainte pour avoir été belliqueux et offrir des explications.

Rappelez-vous que le vieil adage "Le client a toujours raison" est toujours valable, car les clients sont l'élément vital de toute organisation. Étant donné que vous ne pouvez pas plaire à tout le monde tout le temps, répondre rapidement aux préoccupations aidera sans aucun doute votre entreprise.

Donnez toujours un coup de main, même si cela n'est pas rentable. Les grands magasins, par exemple, sont remplis de lèche-vitrines qui n'ont pas l'intention de faire un achat. En leur offrant un service de qualité, il y a de fortes chances qu'ils reviennent sur leur décision.

En revanche, le marketing suggestif dans les fast-foods vise à montrer que l'on se préoccupe des consommateurs, même pendant les quelques secondes qu'ils passent avec eux, et pas seulement à promouvoir les ventes et le profit. Repérer un siège vacant pour les clients ou leur offrir leur plateau-repas est une étape supplémentaire que les clients apprécient souvent.

Établir une relation avec le client n'est pas aussi difficile qu'il n'y paraît, car les clients sont généralement disposés à être satisfaits. Un personnel proactif qui anticipe les besoins des clients, désireux de faire un effort supplémentaire et souriant avec une voix apaisante ne sont que quelques-unes des caractéristiques de base qui incitent les clients à revenir.

Bonne lecture.

CHAPITRE 1
QUEL EST LE BUZZ AUTOUR DU SERVICE CLIENT DE VOTRE ENTREPRISE DANS LA RESTAURATION RAPIDE?

L'HISTOIRE DU FAST-FOOD.

On dit que la restauration rapide est née dans la Rome antique, lorsque des repas cuisinés étaient facilement disponibles pendant les jeux et les célébrations. La restauration rapide a gagné en popularité après avoir été reconnue par le dictionnaire Merriam-Webster en 1951. Le secteur de la restauration rapide est florissant dans certains pays, comme l'Inde, et croît à un rythme de 41 % chaque année.

La restauration rapide est une nourriture qui est facilement disponible et fournie aux clients rapidement. Cette culture est née principalement comme un phénomène urbain conçu pour répondre aux besoins des personnes occupées. Bien que la notion de restauration rapide soit plutôt ancienne, elle a été industrialisée et professionnalisée après la fin de la Seconde Guerre mondiale.

Parmi les nombreux restaurants populaires, citons les suivants :

Château Blanc.

C'est l'une des plus anciennes chaînes de restauration rapide du pays. Elle a été fondée en 1921 à Wichita, au Kansas, par Billy Ingram. L'entreprise est connue pour avoir été la première à vendre un milliard de hamburgers.

Kentucky Fried Chicken (KFC)

Il est communément appelé KFC dans le monde entier. Harland Sanders l'a lancé en 1930 dans un seul établissement. Il est désormais présent dans le monde entier. KFC est surtout connu pour son poulet frit, pour lequel l'entreprise utilise une formule hautement brevetée.

7-11.

Il s'agit d'une autre grande chaîne de restauration rapide aux États-Unis, qui compte environ 7 100 établissements. Elle vend des produits allant des blocs de glace aux aliments réfrigérés.

McDonald's.

Dick et Mac McDonalds étaient les pères fondateurs. Fondée aux États-Unis en tant que restaurant de type "drive-in", l'entreprise est aujourd'hui présente sur tous les continents. Il vend divers produits culinaires, notamment des hamburgers, du lait, du café, des sodas, des frites et des milkshakes. Elle compte 31 000 établissements dans 126 pays et réalise un chiffre d'affaires annuel de 13 milliards de dollars.

Si tout le monde n'apprécie pas les fast-foods, tous les aliments ne sont pas mauvais pour la santé. La malbouffe est riche en graisses et contribue à l'obésité.

En fin de compte, que votre produit soit un fast-food, un slow-food, un produit de vente au détail, un ordinateur, une tondeuse à gazon, un livre, un bien immobilier ou une automobile, tout client qui est prêt à vous payer cher pour votre produit ou service mérite d'être traité avec gratitude et respect, avant et après la vente. Un point c'est tout. Je suis continuellement choqué par le nombre de propriétaires d'entreprises et leur personnel de première ligne qui semblent négliger ce concept de base.

C'est un peu comme l'adage selon lequel il faut gagner un peu de respect dès le matin. Si vous me faites la cour avant la vente, vous feriez mieux d'être prêt à me respecter après la vente.

Le simple fait que vous ayez mon argent et que j'aie votre produit ne signifie pas que mes exigences ont été satisfaites ou que mes attentes ont cessé d'exister. Au contraire, notre relation ne fait que commencer. Il ne tient qu'à vous de savoir si nous nous entendons bien et combien de temps notre relation durera.

L'argument est que le service à la clientèle ne doit pas s'arrêter à la vente. En effet, le service client APRÈS la vente pourrait avoir un impact plus important sur les performances de votre entreprise que le service client avant la vente.

Rien ne suscite plus de commentaires négatifs sur une entreprise qu'un mauvais service à la clientèle, et rien ne met plus de clous dans le cercueil d'une entreprise qu'un mauvais service à la clientèle. Les mauvaises nouvelles concernant le service client voyagent à la vitesse de la lumière et se répandent comme une traînée de poudre.

Pensez à la dernière fois où vous avez été confronté à un mauvais service client. Je suis prêt à parier que vous avez immédiatement fait part de votre expérience à tous ceux que vous avez rencontrés. Vous leur avez probablement aussi dit de "ne jamais faire affaire avec ces &% $, ou vous serez punis de la même manière !".

En tant que propriétaire d'entreprise, votre objectif doit être de convertir chaque client en client régulier. Le moyen le plus rentable et le plus efficace d'y parvenir est de fournir un service clientèle exceptionnel chaque fois qu'un client franchit votre porte.

Un service client de qualité supérieure entraîne une plus grande satisfaction du client, ce qui se traduit par une fidélisation de la clientèle. En outre, il est beaucoup moins coûteux de conserver un client que d'en acquérir un nouveau.

Les problèmes de service à la clientèle sont particulièrement fréquents dans le secteur de la restauration rapide. Cela s'explique principalement par le fait que chaque transaction est une vente en face à face et que l'employé moyen d'un fast-food est un adolescent malheureux qui préférerait dormir sur un lit de clous plutôt que de se tenir derrière un comptoir de fast-food à trimballer des frites.

Mais ce n'est pas toujours le cas. Il ne s'agit pas d'une publicité pour Chick-fil-A ou d'une critique de Taco Bell, mais le contraste entre le service à la clientèle de ces deux poids lourds de la restauration rapide est remarquable.

J'ai l'habitude de fréquenter les deux restaurants (la restauration rapide est mon point faible). Il s'agit donc de mon opinion personnelle. Derrière le comptoir, dans le quartier, Chick-fil-A, ce sont des jeunes gens qui semblent heureux de servir. Ils sont bien habillés et courtois.

Ils ne portent pas leur casquette de baseball à l'envers et n'ont pas de piercings visibles sur le corps. Ils m'ont regardé dans les yeux, ont souri comme s'il n'y avait aucun autre endroit où ils auraient préféré être, et ont demandé ma commande dans un anglais simple et concis. Ils expriment leur gratitude de manière excessive et m'invitent à revenir. Le service après-vente est exceptionnel.

En revanche, une récente visite à un Taco Bell local a failli se terminer par un épisode de Cops lorsque la jeune femme derrière le comptoir s'est mise en colère lorsque j'ai respectueusement fait remarquer que mes nachos étaient périmés et que j'ai demandé un nouveau sac (bête noire n° 132 : les nachos périmés).

Miss Mary Sunshine m'a pris les nachos en question, les a jetés à la poubelle, puis a placé un nouveau sac (qui était tout aussi rassis) sur le comptoir devant moi.

Elle m'a ensuite lancé un regard qui indiquait sans équivoque qu'elle se ferait un plaisir de m'accompagner dehors pour les examiner en détail si j'avais d'autres problèmes. J'aime les nachos, mais pas au point de risquer de recevoir un coup de pied au derrière de la part d'une adolescente enragée portant une casquette Taco Bell de côté. Le service après-vente n'est pas très bon.

Quel restaurant pensez-vous que je visiterai la prochaine fois que j'aurai envie de nourrir mon singe de fast-food ? D'un autre côté, quel restaurant pensez-vous que je suggère avec empressement à mes amis ? Naturellement, celui qui connaît la valeur d'un excellent service à la clientèle avant et après la vente.

Ma pire expérience en matière de service à la clientèle s'est produite lors de l'achat d'un véhicule dans un garage d'occasion local. J'ai acheté la Ford Expedition d'occasion un vendredi soir, et lorsque des problèmes avec la voiture sont apparus pendant le week-end, je suis retourné chez le concessionnaire le lendemain matin pour rencontrer le directeur des ventes.

Le moins que l'on puisse dire, c'est que le directeur des ventes (qui prétendait être mon meilleur ami) n'était pas ravi de me voir le lundi.

Pour faire court, lorsque j'ai fait remarquer qu'il ne s'était pas montré particulièrement serviable après la transaction, il s'est approché du bureau en hurlant de toutes ses forces et en m'agitant les mains au visage.

Lorsque la réceptionniste l'a calmé, le directeur des ventes m'a traité d'"imbécile attardé" (ce qui est peut-être redondant) et m'a demandé d'effectuer une manœuvre anatomiquement impossible avec le véhicule. Ce fut une expédition, car je suis un homme de petite taille. Faites appel à votre créativité.

Bien que le propriétaire de la concession se soit excusé par la suite et ait proposé de résoudre tous les problèmes que j'ai rencontrés, le mal était fait pour son entreprise. La méchante machine à buzz a commencé dès que j'ai quitté son terrain.

Croyez-vous que j'ai informé toutes les personnes que j'ai contactées de mon expérience avec ce concessionnaire ? Je l'ai fait ; vous pouvez parier vos nachos rassis.

Croyez-vous que j'achèterai un autre véhicule de ce concessionnaire ? Pas dans les conditions de votre vie.

Croyez-vous que les personnes que j'ai informées de mon expérience achèteront un véhicule de ce concessionnaire ? Très probablement pas.

Croyez-vous que le propriétaire et le directeur des ventes ont acquis des connaissances grâce à cette expérience ? Tout ce que nous pouvons faire, c'est espérer.

CHAPITRE 2
UN EXCELLENT SERVICE À LA CLIENTÈLE COMMENCE PAR UNE ATTITUDE POSITIVE.

Permettez-moi de vous raconter l'anecdote suivante sur le service à la clientèle pour vous montrer comment vous pouvez constamment dépasser vos concurrents et gagner des consommateurs.

Joy et moi avons pris l'habitude de commander de la nourriture dans un fast-food particulier lors de nos déplacements dans le New Jersey afin d'assister à un programme de motivation pour un client. Bien que le repas ne soit pas sain, il est délicieux et bien connu au point qu'un film a été réalisé sur les expériences de deux personnes fréquentant ce restaurant (Indice : Harold et Kumar sont les deux personnages principaux).

Lors d'un récent voyage en voiture, lorsque nous nous sommes approchés du restaurant, nous avons observé que de nombreux magasins adjacents étaient sombres. En nous approchant de l'entrée du restaurant, nous avons remarqué un panneau indiquant "Restaurant fermé en raison d'une panne de courant". Nous nous excusons pour ce désagrément". Nous, par contre, n'allions pas nous laisser faire.

Nous sommes remontés dans la voiture et nous sommes allés jusqu'à la fenêtre du drive-in, que nous avons tapée. Nous avons demandé ce qui s'était passé, et le personnel du restaurant s'est excusé pour le dérangement, expliquant qu'une tempête avait traversé la région, coupant l'électricité de leur établissement, qu'ils étaient en train de rétablir.

Nous avons dit que nous avions parcouru une grande distance et pris l'habitude de visiter leur restaurant chaque fois que nous étions dans la région et nous avons demandé s'ils pouvaient faire quelque chose pour nous. Elle est allée voir ses collègues de travail avec un sourire, cherchant un accord sur ce qu'ils pouvaient faire en tant qu'équipe, et a expliqué, sans hésiter et en partageant ce qui suit:

* " Avec un seul brûleur allumé, nous pouvons vous préparer n'importe quel type de hamburger. Que désirez-vous?"

* " Comme notre machine à milk-shake est encore gelée, nous pourrions vous offrir des milk-shakes gratuits pour le dérangement."

* " Notre friteuse est maintenant opérationnelle, et nous pouvons vous préparer des frites ou des rondelles d'oignon ; que préférez-vous?"

Nous avons été satisfaits du service, car le personnel a assemblé notre commande rapidement et agréablement. Elle aurait pu adopter une attitude de "je ne peux pas", refuser de répondre à nos coups à la fenêtre, ou nous informer qu'ils étaient fermés.

Elle aurait pu profiter des dégâts de la tempête pour éviter de nous servir. Mais elle a aussi fait preuve d'une attitude de "je peux faire" pour acquérir et fidéliser les consommateurs, quelles que soient les circonstances.

Que vous travailliez dans un restaurant ou dans un bureau, que vous serviez des clients internes ou externes ou que vous travailliez dans un environnement à enjeux élevés, les cinq secrets importants suivants vous aideront à développer une attitude positive envers le service à la clientèle et à fidéliser les clients:

1. Assumer la responsabilité personnelle du défi du service à la clientèle.

Lorsque l'occasion de fournir un service à la clientèle se présente, prenez la responsabilité d'élaborer la meilleure réponse possible. Plutôt que de répondre "Ce n'est pas de mon ressort", dites "Laissez-nous voir comment nous pouvons vous aider" ou "Laissez-moi vous mettre en relation avec quelqu'un qui pourra vous aider".

Votre obligation de fournir un service client exceptionnel ne s'arrête pas lorsque vous ou la personne à qui vous avez recommandé le client fournit le service. Assumez la responsabilité d'un service client de qualité supérieure.

Remarque : si vous déléguez le service à la clientèle à une autre personne, faites un effort supplémentaire et faites un suivi auprès du client pour vous assurer qu'il a eu une expérience de service à la clientèle exceptionnelle.

2. Communiquez votre désir d'aider.

Informez le client que vous souhaitez l'aider à trouver la meilleure solution possible en matière de service à la clientèle. Déclarez : "Travaillons ensemble pour trouver la meilleure réponse" ou "Laissez-moi m'en occuper pour vous".

Éliminez les mots et les phrases qui laissent entendre au consommateur que vous ne pouvez pas ou ne voulez pas l'aider, comme "Je ne peux pas" ou "Je ne veux pas". Cela montre que vous vous préoccupez du client et de ses besoins. Sinon, dites : "Avec les ressources dont nous disposons aujourd'hui, nous pouvons" ou simplement : "Ce que nous pouvons faire pour vous aujourd'hui est."

3. Maintenir une attitude positive envers les clients.

Un excellent service à la clientèle commence par une excellente attitude à l'égard du service. Maintenez une attitude qui démontre votre désir d'aider le consommateur. Cela exige un bon langage corporel, un contact visuel et un sourire qui transmet le désir d'aider le client.

4. Demander l'aide d'autres personnes pour élaborer des solutions.

Lorsqu'il s'agit de fournir un service de qualité supérieure, personne n'est isolé. Prenez la peine d'identifier ceux qui, au sein de votre organisation, peuvent vous aider à répondre aux exigences de vos clients. Renseignez-vous sur le point de vue de vos associés et sur la façon dont ils aborderaient la question. Déterminez également quels autres services ou organisations pourraient être en mesure d'aider le consommateur.

N'oubliez pas que les membres de votre équipe ne sont pas de fins connaisseurs ; ils ne sauront pas comment vous aider si vous ne demandez pas d'aide.

5. Se concentrer sur les solutions.

Concentrez-vous sur ce que vous pouvez faire pour aider le consommateur. Souvent, les situations de service à la clientèle commencent par le négatif : ce que la personne ne peut pas accomplir ou manque de ressources pour faire pour le client. Sinon, commencez par le positif : ce que vous pouvez faire pour offrir un niveau exceptionnel de service à la clientèle. Prenez le temps de présenter la réponse "possible".

Que vous aidiez des clients internes ou externes, abordez la situation avec une mentalité de "faisabilité" pour élaborer une solution gagnante. En commençant par un état d'esprit "possible", vous accumulerez les ressources nécessaires pour créer des clients satisfaits et fidèles.

CHAPITRE 3
UN EXCELLENT SERVICE À LA CLIENTÈLE DEVRAIT ÊTRE LA RESPONSABILITÉ DE CHACUN.

Il va de soi que le service à la clientèle doit commencer par la politesse et la serviabilité. Personne n'entre dans une entreprise en s'attendant à être traité de manière impeccable, équitable et rapide. Cela va de soi. Le véritable service à la clientèle implique bien plus.

Vous pouvez entrer dans une entreprise et être accueilli par une personne prompte, amicale et agréable, mais incapable de résoudre votre problème ou de satisfaire vos exigences. Vous repartez insatisfait, même si la personne avec laquelle vous êtes entré en contact était agréable.

Les clients veulent que leurs problèmes soient résolus rapidement et sans douleur. Si vous avez faim et que vous entrez dans un établissement de restauration rapide, un visage et une attitude joyeux au comptoir peuvent contribuer à atténuer l'aggravation de l'attente plus longue que prévu.

Toutefois, supposons que la personne la plus polie se trompe de commande, vous rende la mauvaise monnaie ou oublie de vous apporter un article qui devait être livré à votre table. Dans ce cas, votre expérience sera moins positive et votre évaluation du service à la clientèle du restaurant sera moins bonne que si tout avait été fait correctement.

Un excellent service à la clientèle implique bien plus que de simplement souhaiter au client une bonne journée après la transaction. Une entreprise doit s'efforcer de produire une expérience qui laisse le client se sentir mieux qu'avant le début de l'engagement.

Les employés doivent toujours être dotés des connaissances, de l'autorité et des capacités nécessaires pour servir les clients et produire une telle expérience. Lorsqu'un consommateur croit qu'une entreprise existe pour le servir et répondre à ses besoins personnels uniques, l'entreprise est sur la voie de l'excellence du service à la clientèle et de l'établissement d'un avantage concurrentiel.

Toute description de poste devrait comporter une section sur le service à la clientèle.

Avez-vous déjà été négligé par un employé d'une entreprise parce que "ce n'était pas son travail" de vous aider ou de vous servir ?

Comment vous êtes-vous senti à la suite de cela ? Irrité ?

Tous les rôles dans chaque entreprise existent pour aider l'organisation à fournir un service clientèle de qualité supérieure.

Sans les consommateurs, une entreprise est vouée à l'échec, et chaque employé, du sommet à la base, cherchera un nouvel emploi. La satisfaction et le plaisir du client permettent aux emplois d'exister, et chacun doit contribuer au succès de l'entreprise en satisfaisant et en ravissant les consommateurs.

Les managers doivent rédiger des descriptions de poste qui se concentrent sur le travail et les capacités nécessaires pour l'accomplir. Pour ce faire, il faut tenir compte des points suivants : "pourquoi cette tâche est-elle nécessaire ?"

Chaque poste devrait inclure une section sur la façon dont le travail affecte les clients et les aptitudes et compétences nécessaires pour répondre à ces exigences. Des emplois qui sont parfois classés comme des rôles ne relevant pas du service à la clientèle affectent pourtant les clients.

La principale responsabilité de la gouvernante d'un hôtel est de maintenir la propreté afin que les clients se sentent à l'aise et reviennent. La personne qui supervise la cuisine doit préparer le repas pour que les consommateurs l'apprécient et le rapportent. Lorsqu'un client envisage de revenir ou non, une serveuse joyeuse et polie ne pourra pas surmonter un dîner désagréable.

Après avoir déterminé la nature du travail et son impact sur les consommateurs, il convient d'employer les personnes qui occupent ces postes et de leur donner la formation, les outils, l'autorité et les ressources nécessaires pour servir les clients grâce à leur poste au sein de l'organisation. La responsabilité première de chaque employé est de servir le client.

CHAPITRE 4
UN SERVICE CLIENT SUPÉRIEUR COMMENCE PAR UN SERVICE EMPLOYÉ SUPÉRIEUR.

Rien ne met la barre plus haut pour un service client supérieur qu'un service employé supérieur. Je me suis souvenu de cela l'autre jour. Le directeur d'une entreprise de restauration rapide a vraiment fait des ravages sur un employé - et tout cela sous les yeux des clients. La personne qui m'a servi était maussade, lente et ne semblait pas intéressée à ce que ma transaction se déroule bien.

Alors que je m'asseyais et que je mangeais mon cheeseburger et mes frites, j'ai observé le comportement général du personnel. Ce n'était pas agréable. Beaucoup de pas lents, aucun sourire, aucune tentative d'engagement du consommateur et aucun "merci". Bien que ce soit l'une de mes chaînes de restaurants préférées, je ne retournerai pas à cet endroit.

Avez-vous déjà remarqué combien le service à la clientèle varie radicalement d'un magasin à l'autre ?

Mettez de côté toutes les sottises diffusées par le siège social. Je soutiens que cela commence par le leadership au niveau du magasin. Si la direction du magasin local ne fournit pas un service supérieur aux employés, la qualité du service à la clientèle sera inférieure à ce qu'elle pourrait être. De même, une rémunération et des avantages supérieurs ne compensent pas un service aux employés inférieur à la norme.

Six aspects permettent de définir par des actions ce que signifie offrir un service de qualité aux employés à tous les niveaux d'une entreprise.

1 - Cela commence par une sélection minutieuse. Il s'agit d'employer la meilleure personne pour le poste. Avez-vous déjà rencontré quelqu'un

dans un poste de relations publiques qui ne comprenait tout simplement pas ? Nous l'avons tous fait. Si votre profession implique des compétences interpersonnelles et de l'optimisme, engagez une personne optimiste. Vous ne pouvez pas apprendre à un pessimiste à être optimiste - c'est tout simplement impossible.

Lorsque vous décidez d'engager la personne séduisante avec une personnalité de pierre ou la personne moins séduisante avec un sourire facile et un bon mot pour un rôle d'interaction avec les clients, choisissez celle qui a un sourire facile et un bon mot.

2 - Il s'agit d'inculquer les attentes en matière de performance par le biais du leadership par l'exemple. Lorsqu'un directeur de magasin accueille chaque client avec un sourire et un "Comment puis-je vous aider ?", le paradigme de la conduite du service à la clientèle est établi.

Les managers qui sont trop occupés pour remarquer leurs clients ne peuvent pas s'attendre à fournir un service à la clientèle exceptionnel, car leurs employés, comme le patron, seront trop occupés pour fournir un service exceptionnel.

3 - Cela commence par la conviction que chaque individu est un membre précieux de l'équipe - et que chaque individu est tenu à une qualité de service élevée. Les dirigeants qui réussissent comprennent que pour offrir un service efficace aux employés, ils doivent entourer tout le monde et l'inclure dans l'équipe.

4 - Cela implique d'établir et de communiquer des normes élevées, de fournir une formation pour assurer la conformité, et d'être exigeant. Si les normes élevées font ressortir le meilleur des gens, elles exposent aussi le pire. Les individus sont satisfaits de faire partie d'une telle organisation. Ils communiquent aux visiteurs qu'ils sont arrivés dans un lieu unique qui n'accepte pas les mauvais comportements.

5 - Elle reconnaît la réussite dans toutes ses manifestations. J'ai récemment subi une échographie. La technicienne qui a effectué l'examen travaille pour

son entreprise depuis dix-sept ans. Elle s'est fait enlever l'appendice deux jours avant mon examen ! Elle était aussi agréable et accommodante qu'on puisse l'être ; elle m'a fourni un service à la clientèle exceptionnel.

De plus, elle est très fière de son taux de présence. N'est-ce pas remarquable ? Je le crois. Je suppose qu'elle est au même endroit depuis 17 ans parce qu'elle a été reconnue dans le passé - et elle en cherche d'autres et les obtiendra.

6 - Cela sert de mécanisme de feedback pour tous. Des réunions régulières "comment allons-nous ?", le partage des commentaires des clients, la formulation de recommandations sur l'aide à apporter aux clients et la formation croisée dans de nombreux postes permettent d'obtenir un personnel plus qualifié et mieux informé qui fournit un service à la clientèle de meilleure qualité.

Il est essentiel de mesurer le degré de service à la clientèle. Il est également essentiel d'évaluer le niveau de service du personnel. Les deux sont inextricablement liés. Considérez les six composantes d'un service au personnel supérieur et évaluez les performances de votre organisation. Si vous voulez améliorer le service à la clientèle, vous devez d'abord améliorer le service au personnel.

CHAPITRE 5
LA COURTOISIE, LE SECRET DE LA FIDÉLISATION DES CLIENTS.

"On n'a qu'une seule chance de créer une première impression", dit l'adage. C'est particulièrement vrai dans le secteur de la restauration rapide. Dès que votre client entre dans le parking, il commence à se faire une opinion sur votre restaurant. Après tout, son opinion détermine s'il reviendra ou non pour une deuxième visite.

En tant que propriétaires ou gérants, ce serait simple si nous pouvions nous tenir devant l'entrée et accueillir chaque client dès son arrivée. Malheureusement, ce n'est pas réaliste. Nous devons compter sur notre équipe pour établir le contact avec le consommateur et maintenir le respect nécessaire pour créer une impression favorable et inciter le client à devenir un client régulier.

Le salut indispensable.

Les sourires sont incroyablement contagieux, comme le savent bien les professionnels de la santé. Si votre restaurant emploie une personne chargée de l'accueil à plein temps, il devient plus facile de s'assurer que chaque client est accueilli agréablement et avec le sourire. Cela peut devenir de plus en plus difficile pour ceux qui comptent sur le personnel de service pour accueillir et faire asseoir les clients ou dans les établissements de restauration rapide où la caissière est le premier point de contact.

Bien que nous aimerions tous croire que notre personnel est toujours agréable et ravi d'être au travail, la réalité est que cela ne se produit pas la plupart du temps. Cependant, l'attitude générale de votre équipe peut avoir un impact énorme sur l'humeur et la perception de vos clients. Insistez sur l'importance d'accueillir les clients avec un sourire en permanence.

Avec un sourire.

L'accueil chaleureux et joyeux n'est qu'un début. Le même degré de sympathie et d'amabilité doit imprégner chaque relation avec le public. De la prise de la commande du client à la remise de l'addition, votre équipe doit être consciente de l'impact de son attitude sur l'humeur et la perspective du client.

Cela est particulièrement vrai pour le personnel de service. Ils sont beaucoup plus susceptibles d'être confrontés à l'attitude négative d'un client, ce qui rend difficile le maintien d'une attitude joyeuse pendant les échanges.

Or, s'ils laissent leur humeur se détériorer à cause d'une mauvaise rencontre avec un client, c'est toute leur performance qui en pâtira. Par conséquent, l'entreprise et, surtout, les pourboires en pâtiront.

L'appréciation.

Il est presque aussi important que de rencontrer le client, mais bien plus souvent ignoré, de le remercier sincèrement à son départ. Il est important d'exprimer votre gratitude pour leur patronage. Après tout, ils auraient pu manger n'importe où. Ils ont choisi votre établissement, et il est important de leur montrer votre reconnaissance et de les inciter à revenir.

Si un consommateur se sent valorisé en tant que client et est traité avec la civilité appropriée tout au long de sa visite dans vos toilettes, il est beaucoup plus susceptible de revenir. Les clients réguliers sont rentables, mais ils peuvent aussi être une excellente source de matériel promotionnel. Une recommandation chaleureuse d'un client satisfait est la meilleure publicité possible pour votre restaurant..

CHAPITRE 6
LES EMPLOYÉS DE FAST-FOOD DOIVENT ÉVITER LES COMPORTEMENTS GROSSIERS.

Mes amis et ma famille mangent dans un petit restaurant indien en Virginie depuis près de huit ans. Il s'agit d'un établissement familial, et le couple plus âgé qui le dirigeait était exceptionnel pour faire en sorte que ses clients se sentent appréciés.

Le restaurant était constamment occupé, avec quelques personnes faisant la queue pour s'asseoir. Ils accueillaient toujours leurs clients avec le sourire et étaient habillés de façon impeccable. Leurs cheveux étaient coiffés. Leurs postures étaient correctes. Ils étaient courtois et accommodants envers leurs clients.

Leur personnel de service était bien formé, et la nourriture était de bonne qualité.

Il y a deux ans, ce couple de seniors a été affecté à un autre de leurs restaurants du Colorado qui avait besoin d'aide. Ils ont été remplacés par une jeune femme, des jeunes hommes et des membres de leur famille, qui ont toujours accueilli leurs clients avec le sourire, étaient habillés de façon impeccable, se brossaient les cheveux, gardaient une posture droite, et étaient amicaux et serviables envers leurs clients.

Ils s'assuraient toujours que leurs clients étaient satisfaits de leurs commandes en leur apportant un autre verre de thé glacé ou toute autre chose qu'ils consommaient.

Une semaine après avoir célébré leur 15e anniversaire, les jeunes gérants du restaurant ont démissionné, laissant la responsabilité à "deux jeunes gens furieux". Les quelques clients du restaurant ne semblaient pas satisfaits. La cuisine n'était pas à la hauteur des standards habituels.

L'un des "jeunes hommes furieux" s'est approché de nous et nous a demandé : "Est-ce que tout va bien ?"

Nous étions terrifiés à l'idée de parler, car il ressemblait à un mafieux enragé. En conséquence, nous avons déclaré : "Tout allait bien !" Nous avons quitté le restaurant en nous sentant assez déprimés.

Nous sommes retournés au restaurant indien cinq semaines plus tard. Nous avons constaté que les "deux jeunes hommes furieux" avaient disparu, remplacés par le couple plus âgé qui était récemment revenu du Colorado pour reprendre le restaurant en Virginie.

Nous étions ravis de les voir et leur avons demandé : "Comment se porte votre restaurant du Colorado ?" "Il se porte bien, merci de le demander !" ont-ils déclaré. Une fois de plus, le restaurant était bondé de gens heureux qui appréciaient une superbe cuisine et un excellent service. Nous avons exprimé notre joie de les voir et de les revoir avant de repartir.

Quels sont les trois points les plus importants dont vous voulez que votre personnel se souvienne pour offrir un service à la clientèle exceptionnel?

1) Votre personnel doit toujours sourire, s'habiller de manière professionnelle avec les cheveux peignés, se tenir droit, maintenir une attitude joyeuse et être utile et courtois envers les clients.

2) La première impression est fugace et permanente. Votre client doit se sentir comme un visiteur d'honneur dans votre établissement et doit être traité avec déférence et respect, de manière agréable et amicale.

3) Vos employés veulent que leurs clients soient satisfaits de leur service exceptionnel, qu'ils leur offrent de bons pourboires et qu'ils reviennent en tant que clients réguliers, en recommandant votre établissement à leurs amis.

N'oubliez pas que votre personnel est le premier représentant de votre entreprise. Ils doivent être si fiers du service exceptionnel qu'ils offrent à la clientèle qu'ils sont prêts à distribuer leur carte de visite et leur nom.

Qui n'est pas allé dans un fast-food et n'a pas été traité durement par un employé?

Vous n'êtes pas seul si vous avez vécu une expérience similaire dans le passé, et la plupart d'entre nous comprennent à quel point cela peut être aggravant et irritant.

Souvent, nous nous rendons dans un établissement de restauration rapide parce que nous sommes pressés par le temps, que nous avons faim ou que nous n'avons pas d'autre choix. Vous ne voulez certainement pas avoir affaire à un employé désagréable. Parfois, vous vous rendez dans un établissement pour régaler vos enfants ou votre famille, et vous voulez que tout soit parfait. C'est pourquoi un service inconsidéré peut nuire considérablement à l'expérience.

Un traitement grossier est également préjudiciable au bien-être de l'employé. Il peut vous coûter votre emploi, la réputation du restaurant, une augmentation ou d'autres récompenses, et il envoie un message erroné à votre communauté sur ce que vous êtes. Montrez-vous respectueux de vous-même et des autres en évitant ces comportements impolis dont font souvent preuve les autres employés de la restauration rapide.

Voici quelques exemples de comportements irrespectueux que le personnel des fast-foods doit connaître et éviter:

1. Donnez un bonjour approprié - Que vous travailliez au drive-in ou au comptoir, l'accueil des clients à leur arrivée fait partie de votre description de poste. Vous devez les accueillir, mais le faire de manière appropriée, courtoise et accueillante.

2. Ne traitez pas votre client comme s'il était stupide - même s'il ne connaît pas aussi bien le menu que vous (vous travaillez là, après tout), cela ne signifie pas qu'il est ignorant et il ne veut

certainement pas être traité comme tel. Réfléchissez à vos mots avant de parler.

3. Ne pas ignorer complètement votre client - La deuxième chose la plus impolie que vous puissiez faire est d'ignorer complètement votre client. Même si vous êtes extrêmement occupé à aider un autre client ou à faire face à une urgence, prenez un moment pour informer le client que vous serez avec lui sous peu. À tout le moins, reconnaissez sa présence.

4. Laissez tomber votre attitude - Lorsqu'un client vous dit que vous avez oublié quelque chose ou qu'il manque une partie de sa commande, abstenez-vous de soupirer, de grogner, de souffler et d'exulter (ou du moins jusqu'à ce que vous vous éloigniez du client). C'est déjà assez grave que vous ayez gâché ma commande, je n'ai pas besoin d'entendre votre attitude.

Il existe de nombreuses raisons pour lesquelles les employés des fast-foods se comportent de la sorte. En tant que personne ayant occupé ce type d'emploi, je suis conscient que certaines des causes sont le bas salaire, le manque de respect pour les activités désagréables qu'ils doivent souvent effectuer, et le stress associé à un travail dur, de longues heures et une faible rémunération.

S'il n'y a aucune excuse à l'impolitesse, cela est également vrai à l'inverse. Faites un effort supplémentaire pour être gentil et agréable lorsque vous vous rendez dans un fast-food ou un service au volant. Vous pourriez améliorer la journée d'un employé et lui permettre d'avoir une attitude plus positive pour le prochain client qu'il accueillera.

CHAPITRE 7
L'IMPORTANCE DE CHOISIR DES ALIMENTS PLUS SAINS DANS VOTRE RESTAURANT.

Aujourd'hui, plus de gens que jamais tentent de manger sainement. Ils reconnaissent que les comportements qu'ils adoptent maintenant contribueront à leur forme future. Ils réduiront leur risque de développer des maladies cardiaques et d'autres maladies. Ils se sentiront également mieux et auront meilleure mine simplement en faisant des choix alimentaires judicieux.

Cependant, une alimentation saine n'est pas quelque chose que les gens font uniquement à la maison. Ils s'engagent à modifier leur mode de vie plutôt qu'à suivre un régime. Vous pouvez les aider dans leurs efforts en leur proposant des menus qui contiennent les éléments qu'ils souhaitent. Même dans de nombreux fast-foods, vous pouvez remplacer les frites par une salade.

Les enfants aussi ont besoin d'options saines. Au lieu de frites et de boissons grasses, ils peuvent avoir des tranches de fruits et du lait. Assurez-vous de prendre le temps de vous renseigner sur les alternatives disponibles. Dans un monde idéal, un restaurant de qualité afficherait ces informations de manière bien visible.

L'une des façons les plus simples de proposer des options saines consiste à offrir diverses salades délicieuses. Les salades avec de la viande du chef, les salades de poulet grillé et les salades de crevettes font toutes bon ménage. Proposez également des vinaigrettes à faible teneur en calories et en matières grasses. Vous pouvez également envisager d'installer un bar à salades en libre-service.

Vous pouvez également inclure des options d'aliments sains sur votre menu. Les clients peuvent facilement repérer les symboles tels qu'un cœur en apposant des symboles tels qu'un cœur sur eux. La taille des portions des repas servis dans les restaurants semble également augmenter. C'est un domaine où les personnes qui font des coupes peuvent avoir besoin de votre aide. Pensez à proposer certains plats en plus petites portions pour les personnes qui n'aiment pas avoir de restes.

Manger au restaurant ne consiste pas seulement à se gaver. La taille des portions dans la plupart des restaurants est énorme. Faites l'effort d'être attentif aux personnes qui désirent quelque chose de minuscule. Proposez des produits plus populaires en plus petits formats pour les adultes et les enfants plus âgés qui ont un budget limité. Vos invités seront extrêmement reconnaissants de ces efforts de votre part.

Étant donné que de nombreuses personnes choisissent de manger au restaurant tous les jours, vous devez vous assurer que votre restaurant peut répondre à leurs besoins. Certaines personnes mangent à l'extérieur parce qu'elles ne peuvent pas manger à la maison. Cela ne signifie pas qu'elles vont saboter leur régime alimentaire ou se nourrir de malbouffe pendant plusieurs jours d'affilée. D'autres aiment l'atmosphère détendue d'un restaurant sans pour autant mettre en péril leurs habitudes alimentaires.

Rendre le menu de votre restaurant plus attrayant pour le grand public nécessite une certaine planification. Néanmoins, il s'agit d'une démarche courageuse qui a le potentiel d'améliorer considérablement le nombre de clients qui reviennent.

Vous pouvez être certain qu'un nombre croissant de restaurants intégreront cet avantage pour les clients. Vous ne voulez pas perdre votre clientèle actuelle et future parce que vous n'avez pas fait évoluer votre offre.

CHAPITRE 8
GÉRER EFFICACEMENT LES CLIENTS INSATISFAITS.

Quels que soient vos efforts et ceux de votre personnel, vous ne pouvez pas satisfaire tout le monde dans l'entreprise. Vous pouvez disposer d'une équipe d'assistance à la clientèle hautement qualifiée et d'un produit primé et avoir malgré tout des clients mécontents. La mauvaise nouvelle, c'est que les consommateurs mécontents sont plus enclins que les autres à parler de leurs expériences, ce qui peut s'avérer catastrophique pour votre entreprise.

Il y a toutefois une bonne nouvelle. Les consommateurs insatisfaits qui trouvent satisfaction peuvent devenir vos plus ardents supporters. L'astuce consiste à trouver comment satisfaire leurs désirs de manière à ce qu'ils oublient ce qui a causé leur insatisfaction au départ. Voici quelques stratégies pour atteindre cet objectif:

1) Soyez un excellent auditeur.

Lorsque quelqu'un se plaint de nous, notre réaction naturelle est de nous mettre sur la défensive et d'attribuer des responsabilités. Souvent, nous commençons à le faire avant que l'autre personne n'ait terminé son intervention. Dans ce cas, nous risquons de mal interpréter la situation, de donner des réponses insensibles ou de paraître insensibles aux préoccupations de nos clients.

En dehors de cela, nous devons nous entraîner à devenir des auditeurs patients. Nous devons nous concentrer comme un laser sur le consommateur et éviter de nous laisser distraire par tout le reste. Nous devons également prêter attention à ce qui est dit, et non à la manière dont c'est dit.

Même le consommateur le plus obéissant tente d'exprimer un problème concret ; il peut simplement ne pas être capable de le faire aussi clairement ou gentiment qu'un autre. En écoutant patiemment nos consommateurs, nous pouvons faire le premier pas vers une assistance plus efficace.

2) Refusez de laisser un client insatisfait s'en aller sans vous battre.

Ce n'est pas parce que quelqu'un est mécontent de votre service ou de votre produit que vous devez lever les mains en signe de désespoir et déclarer : "Encore un autre". Prenez des mesures immédiates pour rectifier la situation.

La plupart des consommateurs qui se plaignent veulent simplement que vous preniez la situation au sérieux, que vous la régliez rapidement et que vous le fassiez avec respect et professionnalisme. Si vous pouvez faire cela pour eux, vous serez en mesure de rétablir la relation avec succès.

3) Résolvez le problème à leur satisfaction, pas à la vôtre.

Lorsque de nombreuses entreprises corrigent des erreurs, elles le font uniquement dans leur intérêt et non dans celui du client. Cela ne fonctionne tout simplement pas dans la plupart des cas. Permettez-moi d'illustrer mon propos.

Une jeune maman a emmené ses petits enfants dîner dans un fast-food populaire. En raison du diabète de son plus jeune enfant, elle a commandé des boissons de régime pour accompagner leurs repas pour enfants.

À part cela, elle a reçu des boissons standard, et le sucre supplémentaire contenu dans la boisson a nécessité l'admission de son enfant à l'hôpital d'urgence le soir même. Lorsqu'elle a contacté l'hôtel pour se plaindre, le gérant lui a offert un repas gratuit pour se faire pardonner de l'expérience de mort imminente de sa fille de deux ans.

Qu'est-ce qui a poussé le manager à faire une offre aussi absurde?

Parce que c'était la décision du restaurant de gérer les plaintes des clients de manière rentable, cela lui a été bénéfique, et c'est tout ce qui comptait.

En réalité, les clients auront des attentes différentes quant à la manière de résoudre ces problèmes : certains voudront qu'un employé soit licencié ou puni pour avoir fourni un mauvais service, d'autres voudront un dédommagement financier, et d'autres encore voudront avoir l'assurance que cela ne se reproduira plus jamais. La majorité voudra une combinaison de ces choses.

Pour savoir comment apaiser les consommateurs mécontents, il suffit de leur demander comment vous pouvez arranger les choses et faire ce qu'ils demandent (dans la limite du raisonnable, bien sûr). Ce faisant, vous montrerez à quel point vous appréciez leur satisfaction et leur parrainage.

4) Gardez la tête froide.

Lorsque les consommateurs expriment leur mécontentement à notre égard, cela peut être extrêmement désagréable, d'autant plus si nous nous préoccupons sincèrement de leurs affaires. Cependant, nous pouvons être tellement outrés que nous ne pouvons pas traiter leur problème efficacement et perdre la relation, ce qui est triste. Sinon, suivez ces quatre stratégies pour gérer vos émotions:

A) N'oubliez pas qu'ils ne se plaignent pas de vous. Ils désirent simplement ce pour quoi ils ont payé. Vos consommateurs ne savent pas si vous êtes un bon père de famille ou une mère célibataire en difficulté ; ils savent seulement qu'ils ont payé pour quelque chose et qu'ils s'attendent à le recevoir. Par conséquent, évitez de prendre leurs préoccupations à titre personnel.

B) Mettez de côté les pensées du type "Si seulement" ou "Et si" - Après un incident, vous pouvez passer des jours à réfléchir à ce qui aurait pu être mieux fait, mais c'est inutile. Peu importe à quel point vous le souhaitez, vous ne pouvez pas changer les choses maintenant. En dehors de cela, vous devriez regarder vers l'avenir et concevoir des stratégies pour éviter que cela ne se reproduise.

C) Reconnaissez que vous avez fait tout ce qui était possible. Si vous vous sentez coupable de ne pas avoir pu satisfaire un client mécontent, vous pouvez simplement faire taire votre conscience si vous savez que vous avez fait tout ce qui était possible pour rectifier la situation. Après tout, ces personnes ne seront jamais satisfaites de tout ce que vous faites et il est inutile de s'en préoccuper.

D) Continuez à vous améliorer - Dans la vie, on apprend davantage de ses erreurs que de ses succès. Ainsi, chaque client mécontent vous donne une expérience d'apprentissage qui améliorera votre capacité à gérer les situations futures et vous montrera comment éviter de futures erreurs. Vous devez éviter de multiplier ces situations d'apprentissage, mais en tirer le meilleur parti lorsqu'elles se présentent.

Bien que vous ne puissiez pas sauver toutes les relations grâce à ces conseils, vous pourriez être surpris du nombre de relations que vous pouvez sauver. Cela peut sembler représenter un effort supplémentaire important, mais si vous tenez à vos clients et à votre entreprise, c'est le moins que vous puissiez faire pour eux et pour vous-même.

CHAPITRE 9
STRATÉGIES POUR AUGMENTER LES REVENUS DES CLIENTS EXISTANTS.

Voici quelques suggestions pratiques qui ont fonctionné pour certaines des plus grandes et des plus importantes entreprises du monde et qui fonctionneront également pour la vôtre. Ces idées et techniques peuvent être utilisées pour faire évoluer rapidement votre organisation et commencer à ajouter des bénéfices au bas de votre bilan.

Vous devez prêter une attention particulière à chacune des sous-catégories ci-dessous.

Améliorer la valeur de chaque vente.

Augmenter le revenu généré par chaque vente ou la valeur transactionnelle moyenne de chaque vente. En augmentant le montant que vos consommateurs dépensent, vous pouvez immédiatement apporter 30 à 40 % de bénéfices purs à vos résultats. Les entreprises de restauration rapide gagnent des millions de dollars chaque jour en employant cette méthode et en faisant des suggestions simples.

Parmi les tactiques qu'ils emploient, citons:

La vente incitative ne consiste pas à vendre quelque chose de plus, mais à fournir à l'acheteur une taille ou une quantité supérieure d'un article qu'il est en train d'acheter. La vente incitative se manifeste par l'augmentation de la taille d'une boisson ou d'une commande.

La vente croisée ou le fait de suggérer à vos clients d'acheter un article qu'ils ne voulaient pas acquérir est une autre stratégie efficace pour augmenter la valeur monétaire de la commande. Un établissement de restauration rapide pourrait utiliser cette tactique en demandant aux clients s'ils veulent des frites avec leur hamburger et leur boisson.

Conditionner, regrouper ou combiner plusieurs produits et proposer un prix plus bas est une autre technique pour convaincre vos clients de payer un peu plus et de recevoir une plus grande valeur. Cette méthode est illustrée par les "Happy Meals" ou les "Value Meals".

Ces stratégies n'ajoutent qu'une légère augmentation au coût total du repas. Mis à part les prix réels des produits supplémentaires, cette "légère augmentation" est un pur profit, car elle n'implique aucun coût de promotion, de marketing ou d'acquisition.

Augmenter les ventes de produits et de services.

L'objectif de toute entreprise devrait être de s'assurer que ses clients et consommateurs reçoivent le maximum de valeur, d'utilité, de plaisir, de bénéfice et de satisfaction des produits et services qu'ils acquièrent.

Supposons que votre entreprise propose des articles ou des services supplémentaires qui permettront à vos clients ou à vos consommateurs de maximiser les avantages de leur achat initial. Si tel est le cas, alors vous leur devez de mettre ces produits ou services à leur disposition.

Supposons que vous n'ayez plus rien à leur proposer. Dans ce cas, vous pouvez facilement rechercher à l'extérieur de votre entreprise des produits ou services complémentaires mais non concurrentiels qui amélioreraient la valeur de l'achat initial et conclure des accords de coentreprise pour mettre ces produits à la disposition de vos clients.

Augmenter la fréquence des achats des clients.

Trop d'entreprises fonctionnent sur le principe d'une vente unique. Elles n'accordent que peu d'importance aux ventes récurrentes et aux achats finaux. Pourtant, c'est là que l'on gagne vraiment de l'argent. Il n'est pas rare qu'une société enregistre une perte ou atteigne à peine le seuil de rentabilité lors de sa première vente. Il est souvent nécessaire d'effectuer plusieurs rachats avant de gagner réellement de l'argent.

Créer et gérer une base de données segmentée.

Disposer d'une base de données actualisée, propre et segmentée de tous vos clients - passés, présents et futurs - vos prospects - est l'une des stratégies les plus efficaces pour accroître les ventes.

Lorsque vous commencez à suivre vos clients et leurs achats précédents et que vous vous assurez qu'ils sont tenus au courant des ventes et des offres spéciales, des événements particuliers et des nouveaux articles, ainsi que des remises et des promotions sur les articles qui pourraient les intéresser, vous montrez que vous vous souciez d'eux et vous les encouragez à faire des achats supplémentaires, souvent plus rentables.

Augmenter la durée de vie moyenne des achats de chaque client.

Il est tout à fait naturel que plus longtemps un client fait affaire avec vous, plus vous aurez l'occasion de commercialiser de produits et de services, ce qui se traduit par une augmentation des revenus, et plus longtemps un client reste client et achète chez vous, plus il bénéficie des produits et services qu'il acquiert, ce qui se traduit par un client plus satisfait, ce qui se traduit par une augmentation des revenus pour vous.

À titre d'illustration, supposons que votre client moyen reste avec vous pendant cinq ans avant de passer à une autre entreprise ou de ne plus avoir besoin du produit ou du service fourni par votre organisation.

Si ces cinq années pouvaient être prolongées d'une seule année, les bénéfices augmenteraient de 20 % - même si rien d'autre ne changeait. En fait, il s'agirait d'un peu plus de 20 %, étant donné qu'il n'y a pas de frais d'acquisition pour l'année supplémentaire, puisque c'est la première année où le client fait affaire avec vous.

Plus un client passe de temps avec vous, plus vous aurez d'occasions de lui vendre d'autres produits ou services et de recevoir des recommandations d'autres personnes qui pourraient bénéficier des articles ou services que vous vendez.

Si vous voulez vraiment développer votre activité, tenez compte des suggestions suivantes. Elles ont fait leurs preuves dans d'innombrables entreprises, dans toute une série de secteurs et dans presque toutes les professions, et elles peuvent créer la même magie pour vous et votre entreprise.

CHAPITRE 10
TOUT CE QUE VOUS DEVEZ SAVOIR SUR L'ASSAINISSEMENT DES RESTAURANTS.

Les restaurants sont confrontés à un défi inhérent : l'hygiène et la sécurité alimentaire. Il n'y a pas un jour où vous n'entendez pas une autre histoire d'horreur concernant des produits alimentaires contaminés faire la une des journaux. Le département de la santé ferme souvent des restaurants.

Même si les choses ne vont pas si mal pour votre entreprise, il suffit qu'un livreur remarque une flaque de boue sur le sol de votre cuisine pour qu'une campagne de bouche-à-oreille négative commence. Tous les jours, les médias rapportent des cas de maladies alimentaires, alors même que l'industrie du fast-food est florissante.

Le fast-food semble être devenu le mode de vie américain, le public commandant aveuglément dans l'idée que la nourriture a été produite dans des conditions sanitaires. Des infestations d'insectes à la prolifération des bactéries, les entreprises de restauration rapide sont confrontées à de nombreux problèmes derrière leurs comptoirs.

Les normes établies et mises en œuvre par la direction, les inspecteurs et la Food and Drug Administration, entre autres, constituent la première ligne de défense et ne sont qu'un début. Si vous êtes le gestionnaire, la sensibilisation seule ne suffit pas ; vous devez être vigilant et vous assurer que chaque employé comprend et respecte les règlements.

La translocation bactérienne est l'une des causes les plus courantes d'intoxication alimentaire. Elle se produit lorsque les aliments ne sont pas correctement cuits ou maintenus à la bonne température.

Avec une telle demande de restauration rapide, il est trop facile pour les employés de négliger leurs responsabilités au nom du gain de temps, et avant de s'en rendre compte, ils ont donné un repas qui présente un danger de maladie alimentaire. Les règlements doivent être respectés de manière constante, et non de manière occasionnelle, comme c'est parfois le cas.

La direction est chargée de veiller à ce que les employés effectuent leur travail correctement, et une direction compétente fait toute la différence dans cette tentative. Une supervision étroite de votre personnel est nécessaire pour garantir que le travail est effectué de manière appropriée.

Les employés doivent être investis dans leur travail et se sentir valorisés pour être plus disposés à s'acquitter correctement de leurs responsabilités. Trop souvent, les mauvais salaires, les longues heures de travail et le manque de reconnaissance contribuent à l'épuisement des employés et à des performances inférieures aux attentes. De même, une formation insuffisante des travailleurs entraîne une exécution inefficace des obligations professionnelles.

Les surfaces non hygiéniques telles que les comptoirs ou les tables où sont préparés les aliments peuvent potentiellement transmettre des bactéries et provoquer des intoxications alimentaires. Il est important que le personnel nettoie après son passage et maintienne une zone de travail impeccablement propre. Par ailleurs, les bactéries se développent dans les récipients alimentaires qui n'ont pas été correctement nettoyés et dans les stocks qui n'ont pas été renouvelés.

Les employés qui ne se lavent pas les mains avant de regagner leur poste de travail propagent involontairement des germes et autres infections. C'est pourquoi le personnel doit se laver les mains. Chaque restaurant de restauration rapide devrait disposer d'au moins un évier réservé au seul lavage des mains, étiqueté de manière appropriée et équipé du savon et des serviettes en papier nécessaires.

Le port de gants en cas de contact avec les aliments offre une protection supplémentaire, mais les gants, comme les mains, peuvent entrer en contact avec des surfaces et des objets sales et doivent être changés après avoir été en contact avec eux.

Même la vermine peut menacer la propreté des environnements de travail de la restauration rapide, c'est pourquoi les restaurants doivent être inspectés régulièrement. Personne n'aime avoir un visiteur indésirable dans sa nourriture. Pourtant, cela arrive plus souvent que nous aimerions le croire. Si un employé observe qu'un parasite entre en contact avec la nourriture, le récipient doit être vidé.

Les filets à cheveux sont un excellent moyen d'éloigner les poils perdus et les squames des repas. Les chapeaux sont plus souvent l'exception que la règle, mais ils sont moins efficaces pour empêcher les poils et les squames de pénétrer dans le repas. Les cheveux longs doivent toujours être tirés en arrière, loin du visage, en queue de cheval ou en tresse.

En outre, la génération actuelle doit être sensibilisée au fait que les modes extrêmes n'ont pas leur place dans une cuisine professionnelle. Les dreadlocks, les mohawks et les afros sont acceptables dans divers contextes professionnels, mais la cuisine n'en fait pas partie.

Les cuisines de fast-food sont conçues pour être pratiques, mais elles ne sont pas nécessairement faciles à nettoyer. Chaque établissement de restauration rapide doit faire plus que son devoir pour s'assurer que les aliments sont manipulés de manière appropriée.

Les clients examinent de plus en plus les travailleurs et l'environnement avant de commander leur prochain plat dans votre restaurant. Ils ne peuvent peut-être pas discerner ce qui se passe en coulisses, mais ils se fient à leur instinct pour ce qu'ils peuvent percevoir.

C'est une raison supplémentaire d'éviter le sous-effectif. Maintenez des attentes raisonnables vis-à-vis de votre personnel et offrez-lui des séances de formation régulières. Le fait de consacrer quelques heures par jour, entre les repas, à un exercice de sécurité alimentaire avec l'ensemble de l'équipe contribuera grandement à l'établissement de pratiques de cuisine saines. Il est également utile de passer de temps en temps pour un contrôle ponctuel.

Pour éviter que votre personnel n'ait du ressentiment à l'égard de votre inspection surprise, préparez-vous à apporter votre aide pendant environ une heure au cours du service. Vous aurez ainsi l'occasion de donner un exemple positif et d'améliorer le moral des employés en leur montrant que vous pouvez travailler avec eux sur un pied d'égalité.

CHAPITRE 11
UN LOGICIEL DE POINT DE VENTE POUR LES RESTAURANTS ASSURE LE SUCCÈS DE L'ENTREPRISE.

Pour réussir en tant que restaurateur, vous devez comprendre les principes de base. Un emplacement favorable, un service de qualité et la satisfaction du client sont les principaux aspects qui peuvent aider votre restaurant à devenir un grand succès auprès des clients. Avec l'étendue de la technologie qui se développe quotidiennement, un autre aspect est apparu pour offrir un répit aux restaurateurs.

Les logiciels de point de vente pour restaurants vous permettent de gérer les paiements, les coûts, les stocks, l'efficacité du personnel, les réservations et les préférences des clients. Ce ne sont là que quelques-unes des nombreuses raisons pour lesquelles ce logiciel est devenu si populaire dans le monde entier dans les secteurs de l'hôtellerie et de la restauration.

Avec les emplois du temps chargés d'aujourd'hui, personne n'a de temps à consacrer aux opérations manuelles. Gérer les différentes tâches d'un restaurant est une tâche ardue. Avec un logiciel de point de vente pour restaurant, vous pouvez rapidement gérer les finances de votre restaurant et d'autres aspects opérationnels.

Bien que ce logiciel ne soit pas bon marché, il peut réduire considérablement la complexité organisationnelle et offrir des avantages économiques à long terme une fois installé. Il existe des logiciels spécialisés pour diverses entreprises, comme les bars, les restaurants à service rapide et les pizzerias. Ce programme simplifie votre travail et augmente les bénéfices et les ventes de votre entreprise.

La présence d'un tel logiciel est l'indice d'un restaurant de qualité. Il vous permet de tout gérer sans effort et de personnaliser les modèles et les horaires de travail de votre personnel. De plus, un logiciel de point de vente pour restaurant est avantageux pour gérer régulièrement les stocks entrants et les matières premières.

Il arrive parfois que vous négligiez un facteur crucial lors des calculs financiers de ces stocks. Ce logiciel vous permet de prendre en compte tous les facteurs et de gérer efficacement votre entreprise. Vous pouvez également utiliser ce programme pour gérer la demande et l'offre de matières premières.

Les logiciels de point de vente pour restaurants aident à enregistrer systématiquement les commandes, ce qui permet de gagner un temps précieux. Vous pouvez également utiliser ce programme pour gérer les commandes de livraison incluses dans les ventes du restaurant. Par ailleurs, il est important de choisir un logiciel de point de vente pour restaurant qui soit simple à installer et à configurer. De nombreux logiciels de ce type sont disponibles en ligne.

Vous devez repérer un site réputé qui vend des logiciels pour restaurant fiables et bon marché. Vous devez sélectionner un site réputé et digne de confiance et passer une commande pour l'un de vos restaurants. Le logiciel est compatible avec tous les principaux systèmes d'exploitation, notamment Windows 7, Windows WePOS, XP et Vista.

Grâce à ce système, vous pouvez fournir un service de qualité supérieure à vos clients. Vous pouvez également générer des revenus importants pour votre restaurant en installant le logiciel POS restaurant. La procédure automatisée facilite le suivi des comptes, ce qui réduit l'effort associé au calcul des dépenses.

Avec l'aide de cet incroyable programme, vous pouvez choisir d'envoyer immédiatement les factures à vos consommateurs. Cela contribue à développer une relation de confiance entre vous et vos clients.

CHAPITRE 12
COMPRENDRE CE QUI FAIT LE SUCCÈS D'UN SERVICE DE LIVRAISON DE FAST-FOOD.

Il ne fait aucun doute que les services de livraison de fast-food ont influencé notre façon de consommer et même de penser à la nourriture. Elle est en effet "rapide". De nombreux traiteurs, restaurateurs et fournisseurs de produits alimentaires ont vu le jour pour répondre aux exigences des modes de vie actuels, où tout va très vite. La façon dont nous travaillons et nous déplaçons a profondément affecté l'industrie alimentaire, ce qui a entraîné la prolifération de nombreux services de livraison de nourriture.

Toutefois, cette nouvelle panacée comporte de nombreux éclairs, car tout le monde ne peut pas résister à l'appétit requis dans ce domaine. Si la rapidité est une composante évidente de tout service de ce type, il faut la gérer dans le cadre de l'équation complexe de la qualité et du goût requis pour une commande de repas décente.

Les ressources et les processus en amont sont importants pour garantir que les produits livrables en amont de ce service se déroulent sans incident ni aventure.

Les habitudes urbaines soulignent l'importance de la "rapidité" dans les services de livraison de repas. Il faut également tenir compte du flot imminent de nouvelles cuisines, d'aliments sains, d'aliments exotiques, d'aliments gastronomiques, de super aliments, d'aliments préparés par des chefs et d'aliments adaptés au travail sur le pouce.

Un service robuste et efficace nécessitera l'incorporation de divers éléments pour répondre aux diverses exigences des clients qui recherchent la rapidité et plus de ces services.

La logistique, les opérations et le personnel contribuent à la distinction entre un excellent service de livraison de repas et un service ordinaire. Ces services insufflent à leurs offres une diversité et des normes de qualité, mais ils le font d'une manière qui enthousiasme les clients en termes de rapidité, de normes de service, d'attention individualisée et de cohérence.

Un établissement alimentaire chevronné comprend le marché et ses clients comme personne d'autre. Il s'assure que les consommateurs reçoivent la satisfaction qu'ils attendent et qu'ils paient pour une livraison, un traitement, un prix, une hygiène et une sécurité, et d'autres exigences particulières.

Ces organisations disposent d'un modèle de processus rigoureux et cohérent et d'une discipline opérationnelle qui leur permet d'imprégner les niveaux élevés de satisfaction des clients sur tous les plans et à tous les niveaux de l'interface client et des produits livrables pour chaque engagement.

La réglementation n'est qu'une des composantes de l'établissement de normes dans un secteur ; après tout, c'est l'exigence et la prérogative de parties prenantes importantes dans le secteur des services de livraison de fast-food de faire de certaines caractéristiques clés une exigence pour chaque transaction client.

Cela ne se produit que lorsqu'ils vont au-delà de la valeur internationale d'une commande - et pensent à plus long terme et plus profondément que d'autres.

Ni le mot "repas" ni le mot "rapide" ne peuvent être remplacés. La clé est de développer la recette idéale pour intégrer avec succès les deux saveurs. Aujourd'hui, il est plus facile de choisir son fournisseur de restauration rapide préféré à l'aide d'applications. Le service est disponible en ligne et sur les appareils mobiles, et les consommateurs peuvent commander des plats de leurs restaurants préférés sans quitter leur domicile.

CHAPITRE 13
LE MANQUE IRRITANT DE COHÉRENCE DANS LE SERVICE À LA CLIENTÈLE.

Il y a quelques semaines, je travaillais sur un projet communautaire avec un groupe de délégués de cours. Nous avions passé les quelques jours précédents à rénover une salle de classe dans une école primaire. Après une longue journée de travail, nous étions naturellement épuisés et avions envie d'une pizza rapide pour le déjeuner. Nous nous sommes entassés dans deux voitures et nous nous sommes dirigés vers une pizzeria voisine, située en dehors de la ville, dont nous savions qu'elle proposait un buffet toute la journée.

Nous sommes arrivés vers 14h45, bien après l'heure de pointe du déjeuner, pour découvrir les tables voisines jonchées de déchets des clients précédents, des pizzas froides et peu appétissantes à vendre, et un manque général de soin apparent. Pour être juste envers le personnel, ils ont fini par préparer des pizzas fraîches pour nous, mais le déjeuner était gâché, à mon avis.

Cela m'a fait réfléchir à ce qui m'avait déçu, et je l'ai attribué à ce que j'ai surnommé "un manque de cohérence aggravant".

Il n'y avait aucune cohérence entre notre expérience et celle (vraisemblablement, bien que je ne puisse l'affirmer avec certitude) des clients du restaurant quelques heures auparavant. Je suppose que les pizzas auraient été plus fraîches et plus variées, et que les tables adjacentes auraient été correctement disposées.

Nous avons eu un service de qualité inférieure, bien que le restaurant ait annoncé qu'il était ouvert 24 heures sur 24, que le menu soit (en théorie) le même et que les prix soient identiques.

Cela m'a fait penser que si un commerce annonce qu'il est ouvert toute la journée, l'expérience du client devrait être la même, qu'il s'y rende tôt, aux heures de pointe ou tard. Ils ne devraient pas être frustrés par une expérience peu concluante et médiocre.

En dépit de son modèle commercial largement franchisé, McDonald's propose toujours une restauration rapide cohérente et de qualité, quelle que soit l'heure du jour ou de la nuit à laquelle le client se présente.

Cela m'a amené à réfléchir à la façon dont je gère mon entreprise et j'ai fait le vœu de fournir le niveau de service à la clientèle suivant :

1. Exécuter constamment des tâches simples et bien exécutées.

2. Maintenir un niveau élevé et constant de service à la clientèle, quelle que soit l'heure de la journée ou de la semaine. Je travaille mieux en fin de journée qu'en début de journée. Ainsi, mon défi est de

surmonter cet obstacle inhérent à ma performance afin d'aider constamment tous mes clients. 3.

3. Veiller à ce que mes clients reçoivent systématiquement des informations passionnantes, qu'ils me contactent par le biais de mon blog, de mon podcast, de ma newsletter ou qu'ils participent à l'un de mes séminaires téléphoniques.

4. Veiller à ce que chaque participant à un cours vive une expérience tout aussi enrichissante, qu'il participe à l'un de mes programmes d'entreprise avec ses collègues ou à l'un de mes cours ouverts à tous en tant qu'individu.

5. Demander constamment l'avis de mes clients pour garantir le maintien de ces niveaux de cohérence.

Y a-t-il d'autres secteurs de votre entreprise qui pourraient être affectés par ce "manque de cohérence gênant" ?

Vos clients sont-ils traités avec le même respect et le même service, quel que soit le moment où ils contactent ou visitent votre entreprise?

CHAPITRE 14
COMMENT PROMOUVOIR UN EXCELLENT SERVICE À LA CLIENTÈLE DANS VOTRE ENTREPRISE.

Lorsqu'il s'agit de service à la clientèle, je suis tout à fait d'accord. Rien n'est plus important que d'établir des clients satisfaits qui paieront, resteront et feront des recommandations. Si vous n'avez pas encore adopté une stratégie de service à la clientèle dans votre organisation, je pense que c'est le moment idéal pour commencer à le faire.

Comment comptez-vous faire en sorte que vos clients se sentent spéciaux?

Il existe de nombreuses façons de commencer à mettre en œuvre des stratégies de service client dans votre entreprise, et c'est le sujet de ce CHAPITRE. Voici la première méthode pour mettre en œuvre le service client dans votre entreprise.

1) Construire des concours.

Tout le monde aime gagner des choses, et vos clients ne font pas exception. Commencez par une promotion de base informant vos clients que le gagnant de votre concours recevra un grand prix.

Votre grand prix doit être quelque chose que vos clients désirent vraiment, et qui peut faire une différence positive dans leur vie. Vous voudrez partager ce grand prix avec vos clients simplement pour les motiver à se lever et à participer.

La méthode la plus efficace pour organiser votre concours est l'internet. Dirigez-les vers la page Web où ils peuvent participer, et une fois que tous les participants ont accompli la tâche, additionnez les scores et désignez un gagnant.

C'est une excellente méthode de communication avec vos consommateurs, et cela renforcera votre relation avec certains d'entre eux. Une autre technique pour faire en sorte que vos consommateurs se sentent spéciaux est la suivante:

2) Se souvenir de leur date de naissance.

Vos clients seront surpris si vous les contactez le jour de leur anniversaire. Ils n'ont jamais reçu de message d'anniversaire ou même de remerciement de la part des propriétaires des entreprises avec lesquelles ils ont fait affaire. C'est pourtant là que vous pouvez vous distinguer.

Il vous suffit d'acheter une carte postale, de la personnaliser pour qu'elle ressemble à une carte d'anniversaire, et de la leur envoyer. Vous pouvez même inclure un cadeau gratuit pour les inciter à revenir dans vos magasins. Ce type de technique vous aidera à fidéliser vos clients.

L'approche finale pour que vos consommateurs se sentent spéciaux est la suivante:

3) Concluez un marché avec eux.

Envoyez-leur une lettre mensuelle présentant l'offre du mois. Informez-les qu'ils peuvent bénéficier d'une remise de 20 à 30 % sur ces produits en tant que clients privilégiés. Faites en sorte que cette offre soit exclusive à votre liste de clients existants ; ne l'étendez pas à de nouveaux prospects.

Je suis sûr que vous recevez par courrier des coupons pour des pizzerias, des restaurants de restauration rapide et même des restaurants de fruits de mer. Il s'agit d'une excellente illustration de la façon dont les entreprises utilisent le concept d'offre exclusive à leurs clients, et je sais que c'est efficace pour elles.

Ces trois méthodes permettant à vos consommateurs de se sentir uniques devraient être mises en œuvre dans toute votre organisation. Je suis prêt à parier que plus vite vous intégrerez ces idées dans votre entreprise, plus vous générerez de ventes simplement en traitant bien vos consommateurs.

Lorsqu'ils auront besoin d'un nouvel article, vous serez la première personne à laquelle ils penseront.

CHAPITRE 15
LES MOYENS DE DEVANCER LA CONCURRENCE DANS VOTRE ENTREPRISE DE RESTAURATION RAPIDE.

Tout propriétaire de restaurant doit continuellement évaluer les performances de son établissement de manière objective. Le maintien d'un avantage concurrentiel vous permettra de rester sur le qui-vive. Ce chapitre aborde d'autres stratégies pour obtenir un bon bulletin de notes.

1. Reconnaître les préférences et les favoris traditionnels de vos clients.

Les clients adorent se sentir uniques. La plupart des clients se rendent dans un restaurant pour l'expérience, et non pour la nourriture. Vous savez ce que c'est quand vous vous rendez régulièrement dans un endroit et qu'on vous oublie ou qu'on se souvient de vous mais pas de votre nom.

Vous vous sentez unique dans ce cas?

Si un client commande souvent la même boisson, il appréciera que vous vous en souveniez, mais il se demandera rapidement pourquoi vous ne le faites pas si vous ne le faites pas. Les clients sont systématiquement impressionnés lorsqu'une serveuse se souvient de leurs préférences ou de leurs plats préférés d'une visite à l'autre.

2. Évitez d'être trop bavard avec les invités.

Si la conversation avec les consommateurs est bénéfique et encouragée, elle ne doit pas être exagérée. Si un serveur peut passer plus de temps avec un client avant l'arrivée du repas, il doit le laisser seul, sauf pour vérifier s'il a de nouvelles exigences.

3. Considérer les clients comme des parents et des amis proches.

Considérez un instant votre famille et vos amis. Vous savez que Harry aime les fruits de mer mais dédaigne les huîtres. Warren est un puriste du scotch single malt, alors que Jenny adore le Chardonnay. Bob apprécie une rafraîchissante Sierra Nevada Pale Ale et méprise l'ail. Développez le même niveau de familiarité avec vos clients, et cela portera ses fruits.

4. Tenir des fiches d'enregistrement.

J'aime garder de petites cartes d'enregistrement avec les informations et les préférences des clients. Elles permettent de garder une trace des préférences et des aversions d'un client. Elles contiennent les anniversaires, les dates de naissance et d'autres informations nécessaires pour que le destinataire se sente spécial. Récompensez vos serveurs pour chaque élément qu'ils ajoutent à une carte. Bien que les gens aiment souvent partager des informations avec une personne de confiance, évitez d'être trop curieux.

5. Considérer les plaintes comme une opportunité de corriger un problème et de construire une relation plus forte.

Acceptable. Cela arrive ! Peu importe votre efficacité, vous serez toujours confronté à des réclamations.

Bill Gates a toujours déclaré que les plaintes des clients étaient l'une des sources d'information les plus précieuses pour Microsoft. Il les considère comme une opportunité et en fait quelque chose de positif. De la même manière, si vous gérez correctement un problème dans un restaurant, vous pouvez transformer ces mêmes clients en "Raving Fans". Voici quelques conseils sur la façon dont vous pouvez y parvenir:

6. Répondre rapidement aux plaintes.

Cela démontre que vous prenez leurs propos au sérieux et que vous êtes un chef d'entreprise responsable. Peu importe la manière dont la plainte est soumise, que ce soit par écrit, par téléphone, par courriel ou en personne. Plus vous attendez, plus la personne sera furieuse, et un client furieux est un client bavard.

7. Les remboursements doivent être effectués avant que les clients ne les demandent.

Si un client exprime son mécontentement à l'égard d'un repas ou d'un élément de celui-ci, n'attendez pas qu'il demande un avoir ; offrez-le-lui immédiatement ou proposez-lui de le remplacer immédiatement. En prenant cette mesure, vous montrez que vous accordez une grande importance à leur satisfaction. S'ils partagent l'histoire avec leurs amis, vous ne pouvez qu'en sortir gagnant.

8. Gardez toujours à l'esprit l'image globale.

Évitez d'être absorbé par les menus détails ! Vous essayez de développer votre entreprise et d'obtenir plus de succès.

Par conséquent, chaque fois que les consommateurs se plaignent de leur repas, du service ou de quoi que ce soit d'autre, essayez toujours de résoudre le problème en leur faveur, comme vous le jugez approprié. Les clients se souviendront toujours des restaurants qui répondent rapidement et efficacement à leurs plaintes.

9. Cependant, il s'agit simplement d'un rappel!

J'adopte une position contraire au dicton "Le client a toujours raison". Cela s'applique s'il s'agit d'une personne que vous respectez régulièrement ou que vous connaissez et appréciez. Si cela se produit, vous saurez de qui il s'agit. Cependant, certaines personnes tenteront toujours de tirer profit d'une situation si elles pensent pouvoir s'en tirer.

Dans ce scénario, je commence par exprimer ma tristesse que nous ne semblions pas être en mesure de les satisfaire de manière constante. Il se peut simplement que notre établissement ne convienne pas à leurs exigences. Je cesse alors d'être aussi généreux en offrant des crédits ou des remplacements. Je leur demande essentiellement de partir et de manger ailleurs.

S'il est traité correctement et professionnellement, il se produit et ne devient pas un problème (pour vous du moins). Toute personne à qui ils parleront comprendra très probablement ce qu'ils sont et aura entendu l'histoire de leur part à de nombreuses reprises.

10. Proposer des offres spéciales.

MAIS UTILISEZ-LES TRÈS SOIGNEUSEMENT ! Ceci est important. Des remises excessives peuvent facilement éroder l'intégrité de votre système de prix. Je suis normalement opposé aux remises, et chaque fois que notre expert en marketing en suggère une, je me mets en porte-à-faux avec elle.

Les remises, lorsqu'elles sont utilisées à bon escient, peuvent améliorer les ventes et vous aider à développer votre entreprise. Cependant, lorsqu'elles sont utilisées uniquement à des fins de marketing, elles peuvent avoir un effet néfaste sur votre restaurant. Toutefois, au bon moment, une ou plusieurs des options suivantes peuvent être une solution pour vous:

11. Les groupes individuels devraient bénéficier de remises.

Il s'agit d'une excellente approche pour attirer une population spécifique dans votre restaurant. Vous pouvez également l'utiliser pour faire preuve de bonté en proposant des offres aux clubs Rotary et autres organisations similaires.

D'autres groupes peuvent inclure des instructeurs, des étudiants et des résidents âgés, entre autres. Tout dépend du type d'entreprise et du groupe démographique qu'elle dessert. Vous pouvez le limiter à des jours ou des heures spécifiques.

12. Des coupons devraient être créés.

Bien que cette méthode soit plus adaptée aux établissements de restauration rapide, elle peut également être très efficace dans les établissements de restauration fine. Les coupons sont généralement utilisés pour attirer de nouveaux clients dans une entreprise.

Offrir un repas gratuit ou à prix réduit à l'achat est toujours un succès. Il peut également être utile d'offrir gratuitement du café, des desserts ou des hors-d'œuvre. En outre, lorsque vous présentez la facture, vous pouvez offrir des réductions pour de futures visites.

Les réductions ne devraient être disponibles qu'à certaines périodes de l'année. Cela contribue à rendre les périodes tranquilles un peu plus chargées. Vous pourriez tout aussi bien vendre des produits et développer votre entreprise pendant ces périodes, bien qu'à une échelle plus réduite.

Réductions sur les enveloppes surprises. Cela peut être un peu amusant. Présentez une enveloppe scellée avec la facture. Vos clients seront agréablement surpris par une remise sur leur prochaine visite, des billets de loterie, des pâtisseries ou des cafés gratuits, ou toute autre incitation que vous jugez acceptable. Ces cadeaux sont agréables pour toutes les personnes concernées, surprenants et simples à préparer.

Acceptez les coupons des concurrents. C'est simple à faire, cela permet d'économiser de l'argent sur l'impression et cela attire l'attention. Vous pouvez également leur voler des clients. Il est conseillé de déterminer quels sont les coupons les plus productifs en général.

13. Distribuer des boissons gratuites à des moments aléatoires.

Dans les moments plus calmes, faites bouger les choses en introduisant de manière inattendue des boissons gratuites ou à prix réduit. Ne le faites pas tous les jours et, bien entendu, choisissez des moments différents.

14. Établir une connexion stratégique avec un cinéma local ou d'autres formes de divertissement.

Manger au restaurant et voir un spectacle ou un film est une excellente combinaison. Pourquoi ne pas collaborer avec le cinéma de votre quartier ou d'autres formes de divertissement?

Il leur suffit de présenter leur billet. Peut-être étendront-ils l'offre à vos consommateurs également. Leurs listes de films peuvent être obtenues au bar ou sur demande.

Par conséquent, examinez votre programme pour garder une longueur d'avance sur la concurrence et d'autres stratégies pour garder une longueur d'avance.

CHAPITRE 16
LES RÉACTIONS ACCIDENTELLES EN DISENT LONG SUR LA QUALITÉ DU SERVICE À LA CLIENTÈLE.

Considérez-vous comme le gérant d'un établissement de restauration rapide.

Une mère et son petit garçon entrent pour déjeuner. Au milieu du repas, le bambin renverse sa boisson, laissant un énorme désordre !

Que doivent faire en premier vos employés bien formés ?

Avez-vous nettoyé le sol ?

Et si vous remplaciez la boisson par une autre ?

Pas si vous tenez à vos consommateurs et à votre réputation d'offrir un service à la clientèle de qualité supérieure.

Pour commencer, il faut s'occuper de la mère. L'embarras social, l'embarras personnel, un enfant déçu et de l'argent jeté par terre l'attendent. Vous lui dites, avec un sourire sincère, "Ne vous inquiétez pas. Cela arrive souvent."

Assurez-lui que le déversement sera nettoyé rapidement et qu'une boisson de remplacement lui sera envoyée immédiatement. Cela améliorera considérablement la perception qu'a le client de la qualité de votre service à la clientèle.

Deuxièmement, rassurez l'enfant. Son esprit est peut-être rempli de regret ou de tristesse à propos de la boisson et d'inquiétude (voire de terreur) quant à la réaction de sa mère. Vous répondez d'un air enjoué : "Eh bien, les accidents, ça arrive !" Dites à l'enfant de surveiller de près vos "travailleurs de service" pendant qu'ils nettoient le déversement. "Et, au fait, une toute nouvelle boisson est déjà en route pour vous".

Troisièmement, mettez de l'ordre dans le chaos. Vos experts de service doivent travailler rapidement et avec une fierté évidente pour montrer votre attachement à un service client de haute qualité.

Quatrièmement, échangez la boisson. Toutefois, apportez une boisson de remplacement d'une taille supérieure à celle de la commande initiale. Ou, si la boisson renversée était déjà une "grande", apportez un accompagnement de frites ou une belle part de tarte.

Pour améliorer la qualité du service à la clientèle, donnez-leur quelque chose d'inattendu, quelque chose d'extra, quelque chose dont ils se souviendront avec gratitude longtemps après que le déversement aura été oublié.

"Cependant", vous faites une pause. "Est-ce que tout le monde ne va pas se mettre à renverser des boissons si une seule personne reçoit ce service exceptionnel ?" En un mot, non.

Si les autres clients regardent depuis le début (comme tout le monde le fait lorsqu'une boisson tombe par terre), ils seront aussi soulagés que la mère et le jeune. La seule chose qui augmentera, c'est votre réputation de service exceptionnel à la clientèle, et non la quantité de boissons renversées!

Points d'apprentissage significatifs.

Lorsque les choses tournent mal, faites passer les gens en premier et les problèmes techniques en second. Vos pratiques doivent transformer les clients insatisfaits en fervents défenseurs. Vous gagnez quand vos consommateurs gagnent.

Mesures à prendre.

Effectuez un examen de vos protocoles de reprise de service. Établissez un lien personnel positif par la qualité professionnelle du service à la clientèle comme premier élément de la liste.

CHAPITRE 17
SECRETS POUR FIDÉLISER LES CLIENTS DES RESTAURANTS.

Considérez combien vos ventes et vos revenus augmenteraient si chaque client revenait une fois de plus chaque semaine ou chaque mois. Vous augmenteriez vos ventes de 50 %. Augmenter la fréquence des visites de votre clientèle existante est plus facile que vous ne le pensez.

Cela s'explique en partie par le fait que, contrairement à un client potentiel qui n'a jamais mangé dans votre restaurant, un client actuel a déjà fait l'expérience de votre cuisine et de votre service et a donc davantage confiance en vous.

Voici sept façons de fidéliser les clients.

1. Utilisez des bons d'achat pour les "clients refusés."

Imaginez un soir où vous êtes tellement occupé que vous êtes obligé de refuser des clients à la porte. Naturellement, c'est le rêve de tout restaurateur, car cela se traduit par des revenus importants. Cependant, votre souhait peut se réaliser au détriment des clients malchanceux qui ne peuvent obtenir une table.

Plutôt que de les renvoyer les mains vides, donnez-leur un bon pour quelque chose de gratuit ou une réduction sur leur prochaine visite. Rappelez-leur d'appeler à l'avance pour être sûrs d'obtenir une bonne table lors de leur prochaine visite.

2. Reconnaître et récompenser les références.

Les gens font rarement quelque chose de gratuit dans le monde d'aujourd'hui, mais lorsque les consommateurs parlent de votre restaurant à d'autres, ils vous rendent service sans rien demander en retour. Vous pouvez les impressionner en reconnaissant leurs efforts.

Envoyez-leur un bon pour un déjeuner gratuit, un coupon de réduction, une carte V.I.P. (qui leur donne droit à une place immédiate), ou tout autre symbole de votre reconnaissance. Le client sera plus enclin à passer le mot à l'avenir.

3. Envoyez des notes de remerciement par courrier.

Tout le monde aime entendre un "merci" de temps en temps, alors lorsqu'un consommateur fait quelque chose de bien pour votre entreprise, veillez à lui exprimer votre gratitude. La recommandation de nouveaux clients et la venue de grands groupes ne sont que deux raisons d'envoyer un message de remerciement personnalisé à un client apprécié.

4. Incorporer des rebonds.

Un certificat de fidélité est un document que vous remettez aux clients lors de leur première visite afin de les inciter à revenir pour une deuxième visite. Par exemple, si un client commande un plat à emporter, vous pouvez inclure un certificat de fidélité dans sa nourriture.

Vous pouvez également utiliser des certificats de retour pour répondre à des plaintes mineures de clients ou vous excuser auprès de clients qui refusent d'attendre les soirs de grande affluence. Vos certificats peuvent inclure quelque chose de gratuit, un pourcentage de réduction ou toute autre mesure incitative pour encourager les clients à revenir dans votre établissement.

5. Participez au jeu de la continuité.

Vous êtes-vous déjà demandé pourquoi les repas pour enfants des fast-foods sont toujours aussi populaires ? L'une des raisons est que les jeunes aiment collectionner tous les jouets qui accompagnent les repas. Vous pouvez également utiliser ce phénomène à votre avantage lorsque vous traitez avec des adultes.

Par exemple, vous pourriez collaborer avec un éditeur de livres pour créer une série de livres de recettes en cinq volumes. Après chaque repas en salle ou à emporter, vos clients recevraient l'un des cinq livres. Les clients doivent dîner dans votre restaurant cinq fois pour obtenir la série complète.

6. Permettez aux clients de donner leur avis.

Qui mieux qu'un vrai client peut vous dire ce que vous faites bien et ce que vous devez améliorer ? Communiquez avec eux et sollicitez leurs commentaires utiles.

Utilisez des questionnaires, des boîtes à suggestions et des cartes de commentaires pour solliciter des réactions. Ne vous inquiétez pas : solliciter les recommandations des clients ne les dissuadera pas. En fait, cela améliorera leur fidélité en leur montrant que vous vous souciez de la qualité de leur expérience gastronomique.

7. Créer un club de dîners réguliers.

Un club de dîneurs réguliers incite les clients à revenir plus souvent dans votre restaurant et à éviter de dîner ailleurs. Il incite les clients à revenir souvent.

Par exemple, certains restaurants fournissent aux clients une carte tamponnée pour chaque achat.

Une fois la carte remplie de timbres, le client reçoit un dîner gratuit. Vos clients seront prêts à attendre une table plus longtemps et à parcourir une plus grande distance s'ils pensent qu'ils recevront un repas gratuit.

CHAPITRE 18
DES ÉTAPES SIMPLES POUR AMÉLIORER IMMÉDIATEMENT VOTRE SERVICE CLIENTÈLE.

Voici cinq étapes simples à enseigner qui auront un effet significatif sur votre service clientèle. La plupart de ces étapes semblent évidentes. C'est juste que nous supposons que tout le monde possède ce que l'on appelle familièrement "les principes de base".

Je suis ici pour vous informer que vous devez... RÉVEILLEZ-VOUS ! Et avant qu'il ne soit trop tard, sentez le café.

1. Enseignez-leur l'art du SMILING. Je sais, cela semble trop simpliste, n'est-ce pas?

Pourquoi aurais-je besoin de le souligner ?

Je voyage dans ce grand et beau monde et j'obtiens toujours un service de qualité supérieure lorsque je suis souriant. Je sais toujours quand je suis sur le point de recevoir un service inférieur à la moyenne lorsque je ne suis pas accueilli avec un sourire.

Cela fait une énorme différence dans l'environnement plus rapide, moins agréable et discourtois d'aujourd'hui.

L'idée de sourire peut ne pas sembler très scientifique. Abstenez-vous simplement de sourire à vos clients pendant quelques jours et observez les résultats. Reconnaissez qu'il s'agit d'un aspect important de la perception. Lorsque les gens nous sourient, nous considérons que l'expérience est nettement meilleure, même si elle était médiocre.

J'ai récemment dîné dans un restaurant de Bellingham, dans l'État de Washington, et le moins que l'on puisse dire, c'est qu'il était ordinaire. Ce n'était ni horrible, ni spectaculaire ; c'était juste correct. Moyen.

Cependant, si vous me demandiez ce que je pense de ce restaurant, je dirais que c'était fantastique ! D'après l'interaction de ma serveuse et son quotient sourire. Elle était extraordinaire ! Les sourires améliorent la saveur du plat et rendent le service plus agréable.

2. Adressez-vous à eux par leur nom.

À nos oreilles, c'est le son le plus étonnant. Notre prénom : Lorsque quelqu'un fait l'effort d'apprendre à nous connaître, nous en sommes extrêmement reconnaissants et répondons de manière appropriée. Même dans un environnement de service à la clientèle au rythme effréné, comme un fast-food ou un pressing, nous retournerons toujours dans un endroit qui connaît notre nom.

C'est assez simple à réaliser. Présentez-vous et renseignez-vous sur son nom de famille. Cela se passe comme suit : "Je suis Léonard, et c'est un plaisir de vous rencontrer. Quel est votre nom de famille ?" C'était difficile, n'est-ce pas ? L'astuce est la suivante. Concentrez-vous sur son nom et sur la couleur de ses yeux ou sur un vêtement qui vous aidera à vous en souvenir.

Si vous travaillez dans un restaurant, présentez-vous, demandez-lui son nom, puis lorsque vous lui livrez sa commande, placez-la devant lui et dites : "Mary, tu vas adorer ce plat." Gardez un œil sur vos pourboires qui augmentent.

3. Courtoisie de l'exposition.

Utilisez le langage que vous avez appris lorsque vous étiez enfant. Ils contiennent les expressions "S'il vous plaît", "Merci", "Puis-je vous aider" et "Comment allez-vous ?". "Puis-je faire autre chose pour vous aujourd'hui ?" et "Comment s'est passée votre expérience de service aujourd'hui ?".

La courtoisie englobe plus que de simples mots. J'ai travaillé chez un concessionnaire qui mettait un point d'honneur à accompagner le client jusqu'à l'article demandé, à nettoyer le lavabo de la salle de bain avec une serviette en papier après chaque utilisation et à présenter le meilleur visage possible au client, entre autres choses qui démontraient leur engagement envers l'expérience du service.

4. S'enquérir de l'utilisation et de l'expérience du client avec votre service à la clientèle.

Au lieu de demander "Comment s'est déroulé notre service aujourd'hui ?", ce qui vous vaudra une réponse du type "Oh, c'était bien", demandez "Comment évaluerions-nous le service que nous vous avons fourni aujourd'hui sur une échelle de 1 à 10 ? (La question "spécifique" est celle qui donne des résultats.) Informez-vous correctement.

Vous obtiendrez des réponses beaucoup plus intéressantes si vous poursuivez en posant la question "Concrètement, comment pourrais-je obtenir une note de 10 à vos yeux.

5. Inviter le client à revenir.

La bonne manière. Tout est dans la présentation. "C'était un plaisir de vous voir aujourd'hui, et j'espère vous revoir. Si vous vous souvenez de quelque chose que nous aurions pu mieux faire, veuillez me téléphoner au 111-111-1111 et demander à me parler directement."

Si cela est trop long, remplacez par " est mon prénom. Veuillez me demander quand vous reviendrez." Vous pouvez même dire : "Ce fut un honneur de m'occuper de vous. Veuillez revenir et vous renseigner pour moi, "

J'ai entendu dire quelque part que les problèmes les plus difficiles auxquels notre société est confrontée sont souvent résolus par les réponses les plus simples. Voici cinq mesures simples que vous pouvez prendre immédiatement.

CHAPITRE 19
L'HOSPITALITÉ DANS LE SECTEUR DE LA RESTAURATION RAPIDE EST EN TRAIN DE CHANGER.

Les restaurants fast-food sont en train de remodeler la façon dont les gens perçoivent leur secteur. Ils n'y parviennent pas en élargissant la superficie de leurs restaurants, leur choix de menus ou même en proposant des alternatives plus saines à la restauration rapide traditionnelle. Ils y parviennent grâce à un service à la clientèle exceptionnel, empreint d'hospitalité.

Les établissements de restauration rapide commencent à reconnaître que les repas rapides ne suffisent plus à la plupart des clients.

Qu'est-ce qui vous vient à l'esprit lorsque vous pensez au service fourni dans un restaurant fast-food?

Il s'agit généralement de l'image d'un employé surmené à l'attitude apathique qui ferme la vitrine devant le client, sans se soucier de savoir si le consommateur reviendra ou non. Il est presque certain que le consommateur ne reviendra pas. Toutefois, ce ne sera plus le cas pendant longtemps.

La première étape pour changer cette perception du client est de lui fournir un service de qualité supérieure. Lorsqu'un client passe une commande dans un restaurant, l'employé doit simplement sourire et établir un contact visuel pour indiquer qu'il a l'attention du client. Ensuite, il doit s'efforcer de développer une relation avec chaque client.

Lorsqu'on lui demande ses vêtements, son humeur du jour ou même le temps qu'il fait, le client se sent accueilli et important. C'est extrêmement simple, mais ça marche !

Nous vivons actuellement dans une société où la technologie a considérablement limité la quantité de communication individuelle dont dispose un individu. Si la technologie a considérablement progressé dans le monde des affaires, aucune entreprise ne souhaite que ses clients se sentent détachés d'elle.

Les êtres humains ont un besoin inné de se sentir désirés et désirants, ce que les kiosques de commande informatisés ne peuvent satisfaire. Bien que ces machines puissent livrer la nourriture d'un client comme il le souhaite, il leur manque le lien émotionnel dont les clients ont besoin.

Les clients peuvent désirer un grand menu avec une grande variété d'options ou même une télévision dans leur cabine. Pourtant, ils souhaitent vraiment se sentir appréciés et acceptés dans l'établissement.

Lors d'un récent événement sur l'hospitalité, Peter Goode, expert en la matière, a souligné que 30 % des clients des restaurants viennent pour la cuisine, tandis que 70 % viennent pour le service. En gardant cela à l'esprit, les restaurants fast-food ne peuvent pas continuer à fonctionner avec le même niveau d'apathie qu'auparavant.

Un autre chiffre alarmant a été révélé au cours de la même session que celle mentionnée précédemment. Dans 68 % des cas, un consommateur cesse de faire affaire avec une organisation en raison de l'attitude indifférente d'un employé.

Ce qui est encore plus effrayant, c'est que seulement 4 % de ces clients signaleront une expérience négative à l'entreprise, mais en parleront à 9 de leurs amis sur 10. Ce bavardage défavorable finira par entraîner la fermeture d'une entreprise et poussera les clients à se tourner vers un établissement plus accueillant.

Dès lors, comment les entreprises peuvent-elles éviter de perdre des consommateurs, engager leurs employés dans le service à la clientèle et établir une réputation de service à la clientèle de qualité ? La réponse est simple : commencer par l'humilité.

Souvent, l'attention d'une organisation se porte sur la mauvaise chose : elle-même. Lorsque l'objectif premier d'une organisation est le profit et l'intérêt personnel, ses employés adopteront le même état d'esprit égocentrique.

Les restaurants doivent reconnaître que sans le client, il n'y a pas d'entreprise, et que l'accent doit donc toujours être mis sur le client. Si une entreprise commence avec le simple objectif de satisfaire le client, le reste se met en place. L'humilité requise pour cela découle d'une attitude consistant à donner la priorité aux demandes du client plutôt qu'aux vôtres.

CHAPITRE 20
LES MEILLEURS CONSEILS DU SERVICE CLIENTÈLE DE STARBUCKS.

Pourquoi Starbucks crée-t-il un tel engouement parmi ses clients ? Qu'est-ce qui la rend si populaire auprès du public qu'un mémoire intitulé "Comment Starbucks a sauvé ma vie" a été écrit à son sujet, ce qui en fait l'une des entreprises les plus médiatisées et les plus prospères de l'histoire ?

La réponse est un service à la clientèle exceptionnel, de classe mondiale. C'est l'essence même de la différenciation de Starbucks par rapport à tous les autres baristas ou employés de fast-food d'autres entreprises de restauration.

Bien que je ne sois pas un inconditionnel de Starbucks, j'ai fréquenté de nombreux établissements de café dans tout le pays et je peux attester que l'équipe de Starbucks offre un service à la clientèle de qualité supérieure et qu'elle enthousiasme ses clients.

Par conséquent, qu'est-ce que les entreprises de génération de pistes et les centres de contact de télémarketing peuvent apprendre des baristas de Starbucks en matière de service à la clientèle ?

Le plaisir du client doit être l'objectif premier de votre personnel. Les employés de Starbucks donnent constamment la priorité aux exigences de leurs clients et travaillent en collaboration pour atteindre ces objectifs.

N'oubliez pas que la collaboration des membres permet aux clients de vivre une excellente expérience. Dans quelle mesure votre organisation est-elle efficace pour rassembler les gens afin de servir les prospects et les clients ?

Distribuez des échantillons et des cadeaux gratuits. Offrir des échantillons gratuits démontre votre fierté de la qualité de vos articles. En particulier s'il y a une nouvelle promotion, il est rare d'entrer dans un magasin à ce moment-là et de ne pas recevoir un échantillon gratuit.

Que donnez-vous gratuitement pour démontrer la valeur que vous pouvez apporter aux prospects et aux clients potentiels de votre entreprise ? Peut-être un livre électronique ou un livre blanc gratuit ?

Les baristas de Starbucks connaissent bien les noms de leurs clients. Ils connaissent leur nom ainsi qu'un peu de leur vie ! Le Macchiato au caramel n'est pas seulement la transaction 539. La boisson préférée de Liz. Le chocolat chaud Venti Signature n'est pas réservé au barman. C'est un cadeau pour Cody.

Connaissez-vous les noms de vos prospects?

En dehors de leur nom, que savez-vous d'autre sur la vie et l'activité de vos prospects et clients B2B ?

Les employés de Starbucks ne connaissent pas seulement le nom de Liz, ils savent aussi qu'elle est une enseignante à la retraite de San Francisco qui aime jardiner. Les employés de Starbucks ne connaissent pas seulement le nom de Cody, ils savent qu'il possède une entreprise de construction, qu'il a une fille de 11 ans et qu'il pratique le golf le samedi.

Comment allez-vous?

Combien d'informations avez-vous sur vos prospects et vos clients?

Corrigez vos erreurs. En plus d'accepter leur responsabilité, les employés de Starbucks sont prompts à réparer leurs erreurs. Par exemple, si les clients doivent attendre pendant une période prolongée, des excuses ne suffiront pas ; ils leur donneront également des coupons de boissons.

Si une boisson est mal préparée, ils la recréent sans autre forme de procès. Combien de temps et à quelle vitesse corrigez-vous vos erreurs ? En matière de service à la clientèle, la vitesse à laquelle vous résolvez un problème est importante. S'il est évident que nous faisons tous des erreurs de temps en temps, c'est la rapidité avec laquelle nous les corrigeons qui fait la différence.

CHAPITRE 21
CONSEILS RAPIDES POUR AMÉLIORER LE SERVICE DANS LES FAST-FOODS.

Ce chapitre examine certaines des recommandations les plus importantes pour améliorer le service à la clientèle de votre restaurant.

Personnel d'attente.

Le personnel d'accueil doit avoir une attitude agréable, et c'est la caractéristique la plus importante que les directeurs de restaurant doivent rechercher lors du recrutement. Une attitude positive envers les clients est nécessaire pour toute carrière qui vous oblige à vendre quelque chose à quelqu'un. Cependant, la situation est bien différente car vous êtes directement responsable de la nourriture des gens, quelque chose qui entre dans leur corps.

Les clients, en général, ne font pas confiance au personnel qui affiche une attitude négative. Avez-vous déjà vu des images de vidéosurveillance montrant le personnel d'un restaurant en train de cracher ou de se comporter de manière déplacée envers la nourriture d'un client ?

Les clients ne doivent pas s'inquiéter si un membre du personnel s'emporte contre eux lorsqu'ils font des demandes. S'il est vrai que certains clients sont de parfaits abrutis, cela ne constitue en aucun cas une excuse pour attendre le personnel. Avoir une bonne mémoire peut également être un avantage.

Propreté.

Sans aucun doute, la propreté générale de votre restaurant joue un rôle important dans le service que vous fournissez. L'atmosphère est également importante. Les clients s'attendent toujours à en avoir pour leur argent avec la nourriture qu'ils achètent et le service qu'ils reçoivent.

On peut généralement excuser les restaurants de type fast-food d'être un peu désordonnés, mais pas les établissements de qualité où vous vous asseyez et attendez que votre nourriture soit servie.

Retourneriez-vous dans un restaurant où les tables, les sols, la vaisselle et le personnel sont sales ? Je ne le ferai pas, car je suppose que l'établissement n'est pas hygiénique et que la nourriture est souillée. Maintenez un environnement propre dans votre restaurant et n'oubliez pas de nettoyer les installations, en particulier l'évier.

Servir la nourriture.

Il est idéal pour servir les repas lorsqu'ils sont encore chauds. Assurez-vous que tous les repas arrivent à l'heure pour une table. Les gens se sentiront mal s'ils reçoivent leur repas en premier, car ils devront attendre le reste de leur commande. Ensuite, lorsque le reste du groupe recevra sa nourriture, il se sentira horriblement mal parce que les repas servis plus tôt sont maintenant froids.

Les cuisiniers devraient être en mesure d'exécuter toutes les commandes d'une même table en même temps, ce qui est souvent le cas dans les restaurants. Naturellement, il y a certainement des raisons légitimes pour servir de la nourriture à différents moments.

Les gens vont au restaurant pour manger avec d'autres personnes. Il est donc tout à fait naturel que leurs repas soient servis en même temps. Cependant, les plats principaux doivent être servis simultanément à toute la table.

Le menu est-il facile à lire et à comprendre?

Les clients n'aiment pas que le menu les laisse perplexes. De même, vous ne voulez pas que votre personnel de service soit perplexe devant le menu. Ils doivent pouvoir s'en souvenir assez facilement pour répondre aux demandes des clients. Assurez-vous que votre menu est attrayant, bien rangé et bien organisé.

En général, les clients se souviennent de la présentation de vos menus.

CONCLUSION.

La restauration rapide a gagné en popularité ces dernières années, en grande partie à cause de notre rythme de vie effréné. Les aliments sont préparés entre deux voyages ou entre des horaires chargés. Les individus doivent manger dans les limites de leur emploi du temps chargé.

La restauration rapide est là pour rester, tout comme la vie rapide. Par conséquent, la restauration rapide est un excellent moyen de combler les écarts entre un repas copieux et un repas frugal. Cependant, avez-vous déjà envisagé de manger des plats rapides sains ?

Si les produits de restauration rapide se présentent sous diverses formes attrayantes, les consommateurs exigent désormais qu'ils soient sains. Alors qu'un bourreau de travail préfère la restauration rapide aux repas traditionnels en raison des contraintes de temps, il exige désormais des options plus saines.

Les dîneurs s'abstiennent de repas lourds ou copieux et se réjouissent de pouvoir manger des plats rapides sains. Le goût de la restauration rapide attire les jeunes enfants. La restauration rapide saine a pour effet de créer de l'appétit chez les jeunes.

Les produits de restauration rapide sains ne sont pas aussi longs ou élaborés à préparer que la nourriture traditionnelle. Si les matières premières de base de la cuisine traditionnelle, les condiments et les ingrédients sont les mêmes, les quantités relatives d'épices peuvent varier en fonction du goût et du confort de chacun. Comme la nourriture épicée peut ne pas convenir aux jeunes, les plats rapides nutritifs peuvent également avoir une saveur douce.

D'autre part, une personne qui n'apprécie que la cuisine épicée peut faire modifier les produits alimentaires sains de manière appropriée pour éviter qu'ils ne soient fades. Les fast-foods sains permettent également d'améliorer les compétences culinaires de base, et chacun peut facilement exprimer sa créativité lors du choix des sauces et des accompagnements.

La restauration rapide saine présente une autre caractéristique unique qui contribue à son énorme popularité auprès du public. Ces aliments peuvent être mélangés ou catégorisés en fonction de leur teneur en calories, de leur contenu nutritionnel et de leurs qualités digestives.

Les garnitures et les accompagnements sont nombreux et peuvent être personnalisés en fonction des goûts de chacun. Ainsi, les séquelles peuvent être facilement contrôlées. Souvent, les restaurants proposent de nouvelles offres dans le cadre de leurs efforts promotionnels afin de créer des combinaisons et des offres groupées attrayantes pour les enfants comme pour les adultes.

De nombreuses franchises et restaurants de restauration rapide proposent une option de commande en ligne pour divers articles de restauration rapide. La livraison est rapide et les modalités de paiement sont souples.

Vous pouvez également découvrir des fast-foods nutritifs adaptés aux préférences chinoises ou italiennes. Il vous suffit de choisir judicieusement vos condiments et vos garnitures ; vous pourrez ainsi consommer moins de graisses et de calories tout en consommant plus de protéines et de produits sains.

Compétences de gestion pour les gestionnaires.

1. Gestion du temps pour les managers
2. Coaching des employés pour les managers
3. Développement de l'esprit d'équipe pour les managers
4. Confiance en soi pour les managers
5. Techniques de négociation pour les managers
6. Compétences en matière de service à la clientèle pour les managers
7. L'affirmation de soi pour les managers
8. Étiquette commerciale pour les managers
9. Aptitude à l'écoute pour les managers
10. Compétences en leadership pour les managers
11. Compétences en communication pour les managers
12. Techniques de présentation pour les managers
13. Gestion du stress pour les managers
14. Prise de décision pour les managers
15. Gestion des conflits pour les managers.

Série : La liberté financière à tout âge.

- ➢ Atteindre la liberté financière à 20 ans
- ➢ Atteindre la liberté financière dans la trentaine
- ➢ Atteindre la liberté financière dans la quarantaine
- ➢ Atteindre la liberté financière dans la cinquantaine
- ➢ Atteindre la liberté financière à 60 ans
- ➢ Atteindre la liberté financière à 70 ans et plus.

- ➤ Atteindre la liberté financière chez les enfants
- ➤ Atteindre la liberté financière chez les adolescents
- ➤ Atteindre la liberté financière chez les étudiants universitaires.
- ➤ Les escroqueries financières dont il faut se méfier à la retraite.

Série : Des finances personnelles pour vous.
- ➤ Acheter et vendre des crypto-monnaies pour les débutants
- ➤ Pourquoi investir dans des actions à dividendes est judicieux.

Série : Patrimoine 2022.

1. L'entrepreneuriat en ligne.
2. Créer sa propre entreprise
3. Gestion du patrimoine
4. Revenu passif.
5. 12 étapes pour créer votre propre entreprise.

Biographie de l'auteur

D.K. Hawkins. D.K. aime lire des livres sur les affaires personnelles ainsi que passer du temps à l'extérieur. D'autres livres viendront s'ajouter à cette collection, alors suivez-nous sur Amazon pour en savoir plus.

Merci d'avoir acheté ce livre.

Je vous en remercie sincèrement et je vous apprécie, vous, mon excellent client.

Que Dieu vous bénisse.

D.K. Hawkins.

www.ingramcontent.com/pod-product-compliance
Lightning Source LLC
Chambersburg PA
CBHW050003230526
45465CB00003BB/1241